Bernhard Oestreich

Schritte zur Predigt
Vorbereitung und Anleitung zum Predigen für Nichttheologen

AF285728

Bernhard Oestreich

SCHRITTE ZUR PREDIGT

Vorbereitung und Anleitung zum Predigen für Nichttheologen

Friedensauer Verlag

Die Deutsche Bibliothek – CIP-Einheitsaufnahme

Oestreich, Bernhard:
Schritte zur Predigt : Vorbereitung und Anleitung zum Predigen
für Nichttheologen / Bernhard Oestreich. – Friedensau :
Friedensauer Verlag, 2003
ISBN 3-8330-0058-9

Gestaltung des Umschlages: U. Strube, Leipzig

ISBN 3-8330-0058-9

2003 Friedensauer Verlag, D-39291 Friedensau

Herstellung: Books on Demand GmbH, Norderstedt

INHALT

EINFÜHRUNG

Dieses Buch ist erwachsen aus jahrelanger Arbeit mit engagierten Christinnen und Christen, die Predigten halten, obwohl sie nicht Pastoren ihrer Kirche sind. Sie leisten einen wertvollen Dienst für die Gemeinden und alle, die sie hören. Sie bekräftigen, dass es Sache jedes Christen ist, seinen Glauben zu bezeugen. Dabei ist die Predigt eine wichtige Form dieses Zeugnisses.

Wenn man auch nicht Theologe sein muss, um predigen zu können, so geht es doch nicht ohne Lernen und Üben. Viele, die Predigten halten, sind daran interessiert dazuzulernen. Andere möchten in der Verkündigung des Wortes Gottes mithelfen und suchen nach einer für sie geeigneten Ausbildung. Für sie sind die vorliegenden Seiten geschrieben.

Der Text ist so gestaltet, dass er als Studienmaterial einer Grundausbildung für Laienprediger dienen kann. Zugleich ist er hilfreich für die selbstständige Arbeit zur Verbesserung der Predigt. Schritt für Schritt wird in das Wesen und die praktische Vorbereitung einer Predigt eingeführt. Übersichten über den Inhalt der Kapitel sorgen für Orientierung. Ziele werden benannt. Merksätze fassen wichtige Erkenntnisse zusammen. In den Text eingestreute Anregungen zum Nachdenken und Wiederholen früheren Stoffes helfen beim Studium. In vielen Kursen im In- und Ausland und als Hilfe beim persönlichen Wachsen in der Predigtarbeit hat sich dieser Aufbau bewährt.

Die Gedanken werden in sieben Kapiteln dargeboten. Jedes Kapitel hat drei Teile. Jeweils im ersten Abschnitt, Teil A, wird unter der Frage „Was ist Predigt?" Grundsätzliches behandelt. Teil B antwortet auf die Frage „Wer kann predigen?". Da geht es um die Person der Verkündigerin, des Verkündigers. Im Teil C, dem dritten Abschnitt des Kapitels, werden dann unter der Frage „Wie predigen?" die Fragen der Methodik der Predigtarbeit durchgenommen. Hier steht, wie es gemacht wird. Das Werden einer

Predigt wird in sieben Schritten vorgestellt, so dass beim Durcharbeiten des Buches eine Predigt wachsen kann.

Die Dreiteilung jedes Kapitels zeigt an, dass in diesem Buch drei parallele Ziele verfolgt werden. Das erste Ziel ist, das Wesen der Predigt verstehen zu lernen und damit zu wissen, wohin die Arbeit gehen soll. Nicht jede Rede in der Kirche ist schon Predigt. Nicht alles, was in christlichen Gemeinden Predigt genannt wird, trägt diesen Namen zu Recht. Was ist aber Predigt? Diese Frage soll aus der Bibel beantwortet werden. Wie haben Jesus und die Apostel gepredigt? Was erwartet Gott von den Gläubigen? Was will er selbst tun, um das Evangelium bekannt zu machen?

Es könnte jemand denken: „Wozu diese theoretischen Fragen? Wie es gemacht wird, das wollen wir wissen." Es könnte jemand auf den Gedanken kommen, die ersten Teile jedes Kapitels zu überspringen oder flüchtig zu überlesen, um bald im dritten Teil die praktische Anleitung zu erfahren. Er gliche einem, der sich erklären lässt, wie man einen Hammer anfasst, aber nicht wissen will, wo er hinschlagen soll. Das könnte gefährlich werden.

Was ist Predigt? Die Kenntnis darüber gibt uns für unsere Bemühung um die Predigt ein Ziel. So werden wir nicht planlos arbeiten, auch nicht unselbstständig und mechanisch nachmachen, was an Handgriffen vorgegeben wird. So werden wir unsere Arbeit an der Predigt auch beurteilen können. Wenn wir nicht wüssten, was Predigt ist, wie sollten wir dann entscheiden, wie wir an der Predigt arbeiten wollen und was noch besser gemacht werden kann? Also, der erste Teil gibt uns Maßstäbe für das eigene Arbeiten an der Predigt.

Damit wendet sich der erste Teil jedes Kapitels besonders an das Denken. Hier muss gründlich studiert werden. Kenntnis, Verständnis, Durchblick – das soll erreicht werden: „Jetzt sehe ich klarer. Jetzt weiß ich, was beim Predigen und Predigthören geschehen kann. Jetzt kenne ich auch ein wenig die Hintergründe."

Wenn der erste Teil Durchblick vermittelt, dann soll dieser Durchblick vergleichbar sein mit dem durch ein großes Fernrohr oder durch ein Mikroskop: Staunen überkommt uns. Wer Antwort auf die Frage nach dem Wesen der Predigt sucht, nähert sich großen Wundern Gottes. Schließlich hat Gott die Rettung der Menschen an die Predigt gebunden: „Wie sollen sie an den glauben, von dem sie nichts gehört haben? Wie sollen sie aber hören ohne Prediger?" (Röm 10,14)

Das zweite Ziel ist, als Persönlichkeit zu wachsen, um Gott ganz zur Verfügung zu stehen. Wer kann predigen? Offenbar nicht jeder. Warum nicht? Muss eine Verkündigerin oder ein Verkündiger bestimmte Voraussetzungen erfüllen? Hängt es von der Person ab, ob eine Predigt gelingt? Könnte man dem Gelingen im Weg stehen? Wie viel von ihr oder ihm selbst geht in die Predigt ein? Alle diese Fragen werden jeweils im zweiten Teil jedes Kapitels bedacht.

Predigt ist mehr als nur Rede von Menschen. Predigt hat es mit Gottes Wort zu tun. Wer kann dann predigen? Wer sonst könnte Gottes Wort sagen als Gott selbst? Und doch hat Gott beschlossen, sein Wort durch uns Menschen zu sagen. Gott will uns gebrauchen. Nicht nur unseren Verstand, nicht nur unsere Fertigkeiten in der freien Rede, sondern *uns ganz*.

Wir müssen wissen, was Predigt ist. Wir müssen auch das Handwerk der Predigt verstehen. Aber das genügt noch nicht. Es werden in diesem Buch nicht nur grundsätzliche Fragen zur Predigt behandelt oder Techniken vermittelt. Im zweiten Teil jedes Kapitels geht es um mehr, als man „lernen" kann. Es geht um unser persönliches Verhältnis zu Gott. Was stellen wir ihm zur Verfügung? Wer sind wir? Studium ist auch bei der Frage nach der Person der Predigerin und des Predigers notwendig, aber Studium allein genügt nicht. Wer verkündigen will, muss das Wissen „zu Herzen nehmen", muss Standpunkte finden, vor allem aber den richtigen Stand vor Gott. Wie viel Gebet wird da nötig sein!

Wer sich anschickt zu predigen, bekommt es mit Gott zu tun, und das in *allen* Lebensbereichen. Predigen zu lernen ist immer auch Persönlichkeitsbildung. Es ist nicht nur unsere Arbeit an der Predigt, sondern auch Gottes Arbeit an uns. Er will uns gebrauchen und brauchbar machen. Das wird wohl der schwerste Teil der Predigtlehre sein. Hier sind wir alle unterwegs zur „Reife Christi"

(Eph 4,13). Wo es möglich ist, will dieses Buch auf diesem Weg begleiten.

Dass wir es mit Gott zu tun bekommen, wenn wir uns an die Arbeit der Predigt machen, ist nicht nur schwer, das ist auch Chance. Die Predigerin ist die erste, die Gottes aktuelles Wort vernimmt. Wie könnte sie sonst Gottes Zeuge sein? Wo für andere Gott noch unerreichbar fern ist, hat sie ihn schon erfahren. Der Prediger ist der erste, der das Schriftwort der Predigt neu versteht. Er ist der erste, der die Predigt in die Tat umsetzen und die Wege Gottes betreten kann. Haben wir uns das nicht schon oft gewünscht, Gott träte aus der Verborgenheit hervor, redete deutlich mit uns, zeigte uns seinen Weg? Er will es tun, ja er muss es tun, wenn wir predigen sollen. Was ist das für eine Chance!

Der dritte Teil jedes Kapitels zeigt dann, wie es gemacht wird. Wie bereitet man die Predigt vor, schreibt sie auf und hält sie? Predigen ist kein bloßes Handwerk. Die Technik zu beherrschen genügt nicht. Aber ohne Fertigkeiten geht es auch nicht.

Der dritte Teil jedes Lehrbriefs vermittelt auch Wissen. Aber er hat ein noch weiterreichendes Ziel. Was gelernt wurde, soll angewandt werden, immer wieder. So wird langsam aus dem Wissen das *Können* erwachsen. Der Umgang mit Texten wird immer geübter. Der Blick für das Wesentliche wird schärfer. Man erkennt leichter, wo Gefahren lauern, sich vor dem Anspruch Gottes zu verschließen und nur leere Worte zu bringen. Insgesamt geht die Predigtvorbereitung schneller, wenn auch immer das Unverfügbare in der Predigt bleibt.

Wenn es um Fertigkeiten geht, ist nicht zu erwarten, dass jemand nach dem Durcharbeiten dieses Buches zum „Können" gelangt sein wird. Hier kann nur ein Anfang gemacht werden. Es wird auch nur *eine* Form der Predigt behandelt werden, die Textpredigt über einen Schriftabschnitt. Beständige Weiterarbeit, beharrliches Üben und Lernbereitschaft werden notwendig sein.

Wir lernen durch Übung. Aber zu predigen kann man nicht unverbindlich üben. Predigen ist immer Ernstfall. Wir haben es vom ersten Versuch an mit Gottes Wort zu tun, wir sind immer als Mensch vor Gott betroffen, wir haben auch immer Menschen vor uns, die Gottes Botschaft ernsthaft brauchen. Predigt ist ein Stück Leben, und Leben gibt es nicht als Trockenübung. So stürzen wir uns also „gleich ins Tiefe", wenn wir diesen Predigtlehrgang beginnen. Wir vertrauen darauf, getragen zu werden von der Macht des Wortes Gottes. Und dieses Vertrauen stützt sich auf die Zusage Jesu, der jeden seiner Jünger als Zeugen ausgeschickt hat und diese Sendung verbunden hat mit der Verheißung: „Ich bin bei euch alle Tage." (Mt 28,20)

Ich wünsche allen, die sich mit der Hilfe dieser Anleitung der Predigtarbeit zuwenden, dass sie immer wieder das Wunder erleben, dass Gott sie mit seinem Wort erreicht und sie zum Zeugen werden dürfen. „Dein Wort ward meine Speise, sooft ich's empfing, und dein Wort ist meines Herzens Freude und Trost; denn ich bin ja nach deinem Namen genannt, Herr, Gott Zebaoth." (Jer 15,16)

Bernhard Oestreich

1. KAPITEL: DIE PREDIGT WIRKT GOTT

Teil A: Predigt ist Handeln Gottes

Übersicht
1. Was soll dieser Abschnitt erreichen?
2. Was erwarten wir von einer Predigt?
3. Was geschieht in der Predigt?
4. Was ist der Kern der Predigt?
5. Was ist unser Auftrag?

1. Was soll dieser Abschnitt erreichen?

Wir fragen: Was ist eigentlich eine Predigt? Wodurch unterscheidet sie sich von anderen Formen der Rede? Dieser Abschnitt gibt einen Überblick über das Wesen der Predigt. Er wird uns helfen, eine klare Vorstellung darüber zu gewinnen, wie das Ziel aller unserer Bemühungen um die Predigt aussieht. Wie könnten wir an der Predigt arbeiten, wenn wir nicht wissen, was wir erreichen wollen?
Einige Weichen, die für die kommende Arbeit entscheidend sind, werden in diesem Abschnitt gestellt. Wenn wir wissen, was Predigt ist und was nicht Predigt sein kann, werden wir später Fehler vermeiden.

2. Was erwarten wir von einer Predigt?

„Jesus predigte mit Vollmacht, ganz anders als die Schriftgelehrten." (Mk 1,22) So müssten die Predigten heute auch sein! Wenn Jesus predigte, dann wussten die Leute, was er wollte. Kein gelehrtes Feuerwerk ging über ihre Köpfe hinweg. Alles war einfach und klar. Entweder man stimmte zu oder ärgerte sich.

Wenn Jesus predigte, hörten die Leute ganz neue Töne. Es war erfrischend aktuell, oft ganz ungewohnt, was er sagte. Wie langweilig ist es dagegen, wenn Woche für Woche dieselben Gedanken, dieselben Ermahnungen gebracht werden.

Wenn Jesus predigte, nahm man ihm ab, was er sagte. Er redete mit Vollmacht. Er propagierte nicht seine Lieblingsideen. Welches Recht hätte jemand, für *seine* Ideen oder *sein* Programm in der Predigt zu werben? Jesus stellte auch nicht irgendwelche Theorien vor. Er stand hinter dem, was er sagte. Sein Leben war auch eine Predigt, und es verkündigte dasselbe wie seine Worte. Wie kraftlos wird dagegen eine Predigt sein, wenn das Leben des Verkündigers oder der Verkündigerin immer das Gegenteil von dem ruft, was die Worte sagen.

Wenn Jesus predigte, merkten die Leute: „Ja, genau so geht es mir. Der Mann versteht mich. Er nimmt mich in meinem Alltag ernst." Was nützen lebensferne Ideen, selbst wenn sie noch so fromm klingen?

Wenn Jesus predigte, dann hörten die Hörerinnen und Hörer nicht nur wieder einmal, dass sie schlecht sind und versagen. Sie gingen nicht ausweglos fort, nur getadelt und mit neuen Ermahnungen belastet. Vielmehr fühlten sie sich ermutigt, aufgerichtet und herausgefordert zu neuen Wegen. Sie hatten Zuspruch erfahren, Kraft empfangen, Antworten bekommen, Auswege entdeckt. Die Welt sah anders aus, wenn Jesus geendet hatte.

Wenn Jesus predigte, kam etwas in Bewegung. Die Leute mussten reagieren. Das Leben konnte nicht weitergehen wie bisher. Keiner konnte sich vor einer Entscheidung drücken.

Was ist Predigt? Predigt ist ein Ereignis. Wenn Jesus predigte, wurden Volksmassen und vor allem Herzen bewegt. Und heute soll es nicht anders sein. Wir haben in allen unseren Bemühungen um die Predigt kein geringeres Ziel.

Merke: Predigt ist ein Ereignis.

3. Was geschieht in der Predigt?

Wie wird die Predigt zu einem Ereignis? Markus berichtet über Jesu Predigt: „Jesus kam nach Galiläa und predigte das Evangelium Gottes und sprach: Die Zeit ist erfüllt, und das Reich Gottes ist herbeigekommen. Tut Buße und glaubt an das Evangelium!" (Mk 1,14.15)

Jesu Predigt wird durch zwei Sätze zusammengefasst. Der erste Satz enthält eine *Information*. Die Hörerinnen und Hörer sollen zur Kenntnis nehmen: „Jetzt ist es soweit, das Reich Gottes ist gekommen."

Im Mittelpunkt dieses ersten Teils steht eine Tatsache. Wir fragen: *Wer* hat denn etwas getan? Wer hat die Zeit erfüllt? Wer bringt das Reich Gottes? Gott selbst hat gehandelt. Jesus beginnt also seine Predigt mit einer Aussage, die über Gottes Tun und Gottes Wesen informiert. Das gehört zu jeder Predigt, auch heute. Wenn wir predigen, dann sollen die Zuhörenden erfahren: „Das hat Gott getan, hier ist er am Wirken, so ist Gott in seinem Herzen eingestellt." Aber können wir Gott ins Herz sehen? Wie können wir wissen, was Gott tut? Gott muss sich offenbaren, damit wir predigen können.

Wie sollen die Angesprochenen auf die Mitteilung reagieren? Sie sollen sagen: „Ah, so ist das also! Das ist wichtig!" Was die Predigt bekannt macht, muss aktuell, bedeutsam und glaubwürdig sein.

Merke: In der Predigt wird Gottes Handeln und Wesen bekannt gemacht. Gott offenbart sich.

Der zweite Satz, mit dem Markus Jesu Predigt wiedergibt, ist eine *Aufforderung*: „Kehrt um und glaubt! Vertraut dem, was hier gesagt wird! Vertraut euch Gott an, der sich offenbart hat!" Jesus wendet sich nun unmittelbar an die, die ihm zuhören. In der Aufforderung werden die Leute direkt angesprochen. Eine persönliche Beziehung wird aufgebaut. Wenn die Menschen dem Prediger oder der Predigerin vertrauen, dann wird es ihnen leicht fallen, sich der Aufforderung zu stellen. Sie werden dann denken: „Er hat recht, er meint es gut mit mir." Oder: „Sie sagt die Wahrheit, ich sollte das ernst nehmen." Besteht kein Vertrauen, dann werden sie sagen: „Was will die von mir?" „Was geht es ihn an, was ich tue?"

Neben der Aufforderung gibt es noch andere Formen der Anrede an die Zuhörenden, z. B. Trost, Ermutigung, Bestätigung, Tadel, Zurechtweisung. In welcher Form sich ein Prediger oder eine Predigerin auch an die Menschen wendet, es kommt auf das Vertrauen an. So wirbt Gott selbst durch seine Zeugen um das Vertrauen der Hörenden. Er möchte ja ihr Freund sein, ihr Vater. Die Menschen sollen ihm glauben und dadurch zu ihm gehören.

Merke: In der Predigt wird die Hörerin oder der Hörer persönlich angeredet. Gott begegnet dem Menschen.

Überlege: Warum kann nur predigen, wer selbst glaubt?

4. Was ist der Kern der Predigt?

Was Jesus predigte, nannte Markus Evangelium. „Er verkündigte das Evangelium Gottes." (Mk 1,14) Es war also eine „gute Nachricht", die Jesus brachte. Gottes Offenbarung und Anrede an den Menschen ist Grund zur Freude. Worin liegt der Grund zur Freude? Es sind drei Gründe.

Erstens: Markus fasst die Predigt Jesu zusammen, indem er zuerst die Information und dann die Aufforderung nennt. Die Reihenfolge ist wesentlich: *Weil* die Zeit erfüllt ist, *weil* in Jesus das Reich Gottes da ist, deshalb sollen die Leute ihre Gesinnung ändern und glauben. Die Information ist die Begründung für die Aufforderung. Gott hat *zuerst* etwas getan. Er hat sich offenbart. Er hat Jesus gesandt. Er hat sich dabei in seinem Tun nicht von Menschen abhängig gemacht. Er hat nicht danach gefragt, ob die Menschen Jesus wollen oder das Heil verdient haben. Gott hat aus seiner Liebe heraus große Taten getan. Und in der Predigt wird den Hörerinnen und Hörern Gottes Tun bekannt gemacht. Damit beginnt Markus, denn das ist das Zentrum der Predigt Jesu.

Nun sollen die Menschen etwas tun, sie sollen reagieren durch Umkehr und Glaube. Die Aufforderung ist die Konsequenz dessen, was die Predigt mitteilt.

Darf man die Reihenfolge auch umkehren? Das klänge so: „Kehrt um und glaubt, dann kommt das Reich Gottes, dann erfüllt sich die Zeit!" Das würde heißen, die Erlösung ginge von uns aus. Zumindest müssten wir den Anfang machen, Gott würde dann wohl noch mithelfen. Jesus hat nicht so gepredigt.

Das ist der erste Grund, warum Jesu Predigt *Evangelium* genannt werden kann: Gott handelt *zuerst*. Die Initiative kommt von ihm. Er offenbart sich völlig unverdient.

Die Predigttätigkeit Jesu beschreibt Markus mit den Worten: „Er predigte das Evangelium." (Vers 14) Das Wort, das hier für „predigen" verwendet wird, bedeutet eigentlich: ausrufen, bekannt machen. Das ist ein im Neuen Testament häufig verwendetes Wort für das Verkündigen des Evangeliums. Wer predigt, sagt also: „Leute, jetzt sind Umstände eingetreten, die ihr wissen müsst. Gott hat sich zu erkennen gegeben. Gott hat Fakten geschaffen, die euch bekannt werden sollen." Predigen heißt ausrufen.

Das Bekanntmachen der „großen Taten Gottes" (Apg 2,11) ist der Kern und die Grundlage jeder Predigt. Die großen Taten Gottes werden ausgerufen. Die Taten sind da, *bevor* ein Mensch etwas tun kann. Gott kommt immer zuerst, auch in der Predigt. Erst dann wird der Mensch herausgefordert zu reagieren. Der Kern der Predigt ist also nicht eine Aufforderung, sondern eine Mitteilung. Eine Predigt, die nicht von Gottes großen Taten ausgeht, in der das erste Handeln nicht Gottes ist, ist nicht christliche Predigt.

Merke: Der Kern der Evangeliumspredigt ist eine Aussage.

Überlege: Welche Rolle spielt in der Predigt das Lob des Verhaltens der Hörerinnen und Hörer, die Aufforderung an sie, die Ermutigung, die Ermahnung?

Zweitens: Wir fragen: Was hat Gott getan und was tut er? Sind es erfreuliche oder schreckliche Nachrichten, die in der Predigt zu hören sind? Das ist der zweite Grund, warum die Predigt Jesu *Evangelium* genannt werden kann: Gottes Taten sind *gut*. Er hat nicht nur Großes, er hat auch Großartiges getan. Er hat das Heil der Menschen geschaffen in Christus. Unendlich viel hat er sich das kosten lassen. Und auch heute ist Gott dabei, Gutes für uns zu wirken. Wir können uns freuen.

Drittens: In dem, was Jesus den Menschen sagte, begegnete ihnen Gott. Er ließ sich ins Herz schauen. Jesus stellte Gott vor die Augen seiner Zuhörer: ein Gott, der Leid trägt über seine verlorenen Kinder, der sich freut über einen Sünder, der zu ihm zurückkommt, der über alle Maßen gütig ist, der die Schulden auf seine Rechnung nimmt. Gott hat uns lieb. Das ist der dritte Grund, die Predigt Jesu ein *Evangelium* zu nennen. Nicht nur die Taten, sondern Gottes ganzes Wesen ist gut. Wenn heute gepredigt wird, dann begegnet uns derselbe Gott.

Merke: Der Kern der Evangeliumspredigt ist eine Aussage, die Gottes gnädiges Tun bekannt macht und seine Liebe offenbart.

5. Was ist unser Auftrag?

„Gehet hin in alle Welt und predigt das Evangelium aller Kreatur." (Mk 16,15) Unser Auftrag ist, das *Evangelium* bekannt zu machen. Wir sollen nicht bloße Dogmen verkündigen. Der stellvertretende Tod Jesu, die Taufe, Gottes neue Welt, das geheiligte Leben und was sonst aus der Bibel entnommen werden kann, das alles gehört zur guten Nachricht. Wenn wir es aber nicht *als Evangelium* bringen, dann entspricht es nicht der Bibel. Was wir auch predigen – wenn es von unserem Heilsein und Glück, das wir in der Liebe Christi finden, losgelöst wird, ist es keine christliche Predigt.

Wir sollen weder Geschichte noch Philosophie, weder Psychologie noch Moral lehren, wenn das auch alles hilfreich und notwendig ist. Viele Menschen mühen sich um die Lehren aus der Geschichte. Philosophen und Psychologen wirken am Menschen und an der Menschheit. Und es gibt viele Moralprediger. Es ist gut, dass es sie gibt. Das Elend dieser Welt wäre wohl größer ohne sie. Aber das neue Leben und die neue Welt bringen sie nicht hervor. Das tut Gott. In dieses neue Leben bringt er die Menschen durch „das

Evangelium der Rettung" (Eph 1,13). Gott verpflichtet den Prediger auf das Evangelium, denn darauf ruht seine Verheißung. Wenn wir uns zwischen denen einreihen, die Geschichte oder Moral verkündigen, dann mögen wir zwar Menschen helfen, wenn auch sehr begrenzt – wie Menschen eben helfen und die Welt verbessern können. Aber wir werden schuldig an der Verheißung, die Gott auf die Predigt seiner großen Taten gelegt hat. Das ist es, was die Menschen am nötigsten brauchen. Ein Geschichtsvortrag, wenn auch über biblische Geschichte, ist keine Predigt. Ein moralischer Appell, selbst über biblische Moral, ist keine Predigt. Lebensweisheiten machen auch keine Predigt. Wir haben die gute Nachricht von den großen Taten Gottes auszurufen.

Merke: Christliche Predigt ist immer Predigt des Evangeliums. Das ist unser Auftrag.

Können wir die ganze Bibel predigen, wenn jede Predigt eine gute Nachricht von Gott zum Inhalt haben soll? Was ist mit den Texten, die Gericht oder Ermahnung bringen? Es stimmt, nicht jeder Text der Bibel ist Evangelium, aber jeder Text hat *einen Bezug* zum Evangelium. Den gilt es zu entdecken, im Alten wie im Neuen Testament. Unser Auftrag ist das Evangelium!

Wie aber kann man etwas Gutes predigen, wenn die Hörerinnen und Hörer in Lauheit schlafen oder in Sünde verstrickt sind? Ist dann nicht Gericht und Zorn Gottes zu verkündigen? Wäre da eine Evangeliumspredigt nicht eine Verharmlosung der Situation? In Mt 23 berichtet uns Matthäus, wie Jesus zu den Pharisäern gesprochen hat. Das war eine harte Abrechnung. Das Gericht wurde ihnen angesagt. Aber Jesus sagte das nicht eiskalt oder schadenfroh. Er klagte, er weinte über diese Stadt, wie die Parallelstelle festhält (Lk 19,41-44). Er liebte auch die Pharisäer. Er rang um ihre harten Herzen, um sie vor dem drohenden Gericht zu retten. Das ist hier das Evangelium!

Die Jünger mussten diese Gesinnung erst lernen. Sie waren schnell bereit, Feuer vom Himmel herabzurufen auf die, die nicht auf Jesu Seite standen (Lk 9,51-57). Christliche Predigt folgt darin dem

Beispiel Jesu, dass sie auch und gerade denen eine gute Botschaft bringt, die sie nicht verdient haben. Hat sie überhaupt jemand verdient?

Teil B: Predigen kann, wer dazu berufen ist

1. Was soll dieser Abschnitt erreichen?

Wer kann predigen? Persönlich gestellt lautet diese Frage: Tauge ich überhaupt zu predigen? Bin ich geeignet? Bin ich berufen? Diese Frage kann eine große Anfechtung sein für Menschen, die Gottes Wort verkündigen. Woher nimmt eine Predigerin oder ein Prediger den Mut zu seinem Tun?
In diesem Teil wird behandelt, dass die Gemeinde der Wurzelboden derer ist, die verkündigen. Wer predigt, braucht Glauben, dass nach Pfingsten der Heilige Geist in der Kirche wirkt. Sie oder er braucht Mut, sich dem Urteil der Gemeinde zu stellen, braucht die Gewissheit, von der Gemeinde gerufen und getragen zu sein.

2. Der Verkündigungsauftrag gilt allen Gläubigen

Die Frage „Wer *kann* predigen?" soll zunächst etwas umgeformt werden: Wer *soll* verkündigen? Verkündigen soll die ganze Gemeinde. Allen Jüngern gab Jesus den Auftrag zur Evangeliumsverkündigung. In der Gemeinde Jesu gilt das allgemeine Priestertum (1 Petr 2,9). Jedem Christen ist aufgetragen, anderen Menschen, sowohl den Glaubenden als auch den noch nicht Gläubigen, Gottes Wort zu sagen.

3. Weil die Gemeinde den Auftrag zur Verkündigung hat, beruft sie Predigerinnen und Prediger

Wie sieht es praktisch aus? Es predigt doch nicht jede und jeder! Das wäre ja auch gar nicht möglich. Einmal gäbe es gar nicht genügend Zeit und Gelegenheit dafür, dass alle die Möglichkeit bekämen zu predigen. Zum anderen ist offensichtlich, dass nicht jeder Gläubige die Gabe hat, öffentlich zu sprechen. Gottes Geist verteilt die Gnadengaben unterschiedlich. Schon Paulus schreibt: Nicht jeder ist Evangelist, Prophet, Prediger oder Lehrer (1 Kor 12,28-30). Das sind einige neutestamentliche Gaben, die mit öffentlicher Rede verbunden sind. Obwohl alle Gläubigen den Auftrag haben, Zeugen des Evangeliums zu sein, müssen nicht alle öffentlich verkündigen. Es gibt noch andere Formen des Zeugnisses. Wer also soll predigen?

Predigen soll, wer von Gott und der Gemeinde dazu beauftragt ist. Wie beauftragt Gott? Hier gibt es kein Schema. Es können aber einige Zeichen entdeckt werden.

1. Ein Zeichen könnte die Begabung zur Rede, zu klarem und überzeugendem Ausdruck sein. Auch Allgemeinbildung und Menschenkenntnis gehören dazu. Die Begabung ist mit Arbeit und Fleiß verbunden. Allerdings ist die Redegabe nur erkennbar, wenn man zu reden versucht. Man muss es probieren. Deshalb ist es gut, zunächst mit kleineren Aufgaben, vielleicht mit einer kurzen Andacht oder einem Glaubenszeugnis zu beginnen. Auch für das Predigen ist eine Zeit der Probe richtig. So wird man seine Fähigkeiten entdecken und entfalten. Ein Grund zur Überheblichkeit aber sind Gottes Gaben nicht.

Merke: Um predigen zu können, braucht man Begabung und Fleiß.

2. Ein weiteres Zeichen für Gottes Auftrag ist eine innere Überzeugung, verkündigen zu müssen. Paulus schreibt: „Ich muss es tun. Weh mir, wenn ich das Evangelium nicht predigte!" (1 Kor 9,16)

Gewissheit kann daraus erwachsen, dass uns der Mangel an guter Predigt schmerzlich bewusst wird. In jedem Fall ist die Überzeugung, predigen zu müssen, eine Frucht des Gebets. Sie bleibt auch nicht ohne Anfechtung. Und falsche Gewissheit gibt es auch.

Merke: Um predigen zu können, braucht man innere Nötigung.

3. Weil Gott nicht will, dass seine Gaben ungenutzt verkümmern, weil er nicht will, dass sie für menschlichen Stolz missbraucht werden, weil er von den vielfältigen Anfechtungen weiß, deshalb hat er die Berufung zum Predigen an die Gemeinde gebunden. Die Gläubigen haben alle den Auftrag zur Verkündigung. So können sie alle mitentscheiden, wenn es darum geht, wer aus ihren Reihen nun das Wort ergreifen und das Zeugnis des Glaubens öffentlich sagen soll. Die Gemeinde beruft ihre Verkündigerinnen und Verkündiger und macht damit Gottes Berufung menschlich sichtbar.

Merke: Um predigen zu können, braucht man die Berufung durch die Gemeinde.

Studiere das neutestamentliche Beispiel in Apg 13,1-3! Beachte dabei besonders die Rolle und Funktion der Gemeinde!

Überlege: Die neutestamentliche Form der Berufung durch die Gemeinde ist die Handauflegung. Wie drückt die Kirche heute die Berufung von Predigern und Predigerinnen aus, die nicht hauptberuflich in der Kirche arbeiten?

4. Die Gemeinde trägt die Verkündigung mit

Die Gemeinde beruft nicht nur. Sie überträgt nicht jemandem die Verantwortung, um sich danach zurückzuziehen. Sie ist nicht froh, jemanden gefunden zu haben, der die Arbeit macht. Solche Haltung führte in Gleichgültigkeit oder in liebloses Kritisieren. Sie widerspräche der Dienstgesinnung Jesu. Vielmehr ist es so: Die Gemeinde verantwortet die Predigten, die diejenigen halten, die sie dazu berufen hat. Was heißt das?
1. Die Gemeinde ist die Herde, die die Stimme des Hirten kennt (Joh 10,4). Daher kann sie beurteilen, ob an ihrem Pult Jesu leben-

dige Stimme zu hören ist oder ob hohle Worte oder menschliche Anschauungen vorgetragen werden. Sie kann sagen: „Was wir gehört haben, war Gottes Stimme, das soll gelten." Oder sie sagt: „Das war ganz interessant. Wir müssen aber noch etwas darüber nachdenken, bevor wir unser Leben darauf einstellen können." Oder sie sagt: „Das war nichts. Darüber lohnt es nicht zu sprechen oder nachzudenken."

Wird damit die Predigt den Menschen ausgeliefert? Kann nur noch gesagt werden, was den Hörerinnen und Hörern gefällt? Durchaus nicht. Wenn Gottes Geist in der Kirche wirksam ist, dann erkennen die Gläubigen Jesu Stimme nicht nur, wenn sie bestätigt oder gelobt werden. Der Geist deckt auch die Sünden auf (Joh 16,8.9). Durch den Heiligen Geist wird die Gemeinde auch da Jesu Stimme erkennen, wo sie getadelt, zurechtgewiesen, gerichtet wird. Wenn die Gemeinde die Predigt verantwortet, dann ist die Predigt nicht den Menschen ausgeliefert, sondern dem Heiligen Geist, der in der Kirche wirkt.

2. Über *jede* Predigt urteilt die Gemeinde, wenn auch nicht immer hörbar und nicht nur mit Worten. Sie verantwortet jede Predigt, indem sie sie befolgt, danach lebt, sie zu Herzen nimmt – oder indem sie sie vergisst. Das „Amen" der Gemeinde muss zur Predigt dazukommen. Wirkungslose Predigt – und Widerstand und Unruhe können Zeichen der Betroffenheit und daher durchaus gute Wirkungen einer Predigt sein – ist von der Gemeinde abgewiesene Predigt. Die Gemeinde hat das Urteil gefällt: kraftlos, geistlos, Gottes Geist ist nicht darin.

3. Das Recht zur Beurteilung der Predigt hat die ganze Gemeinde, nicht nur die Leitung der Kirche allein oder ihre Theologinnen und Theologen. Die Gemeinde wäre aber schlecht beraten, würde sie nicht auf ihre Ältesten oder auf die theologisch ausgebildeten Gemeindeglieder hören. Der Heilige Geist aber ist nicht nur einzelnen gegeben. Die ganze Gemeinde, die die Predigt hört, ist gemeinsam zur ihrer Beurteilung gerufen und verpflichtet. Wo sie das unterlässt, sich einfach gefallen lässt, was gesagt wird, entzieht sie sich der Verantwortung und wird schuldig.

Merke: Durch den Heiligen Geist verantwortet die ganze Gemeinde, was auf ihrer Kanzel gepredigt wird.

5. Wer verkündigt, steht nicht allein

Für Predigende bedeutet das eine gute Nachricht: Keine Verkündigerin und kein Verkündiger ohne Gemeinde! Niemand ist eine einsame Rednerpersönlichkeit. Die Gemeinde trägt alle Predigtbemühungen mit. Sie bestätigt und korrigiert. Damit steht sie hinter denen, die öffentlich verkündigen. Sie betet darum, dass die Predigt lebendiges Wort Christi sei. Denn dieses Wort braucht die Gemeinde und sie sucht es.

Was könnte da eine Predigerin oder ein Prediger Besseres tun, als sich der geistlich verantworteten Predigtkritik zu stellen, ja diese Kritik zu erbitten? Die Berufung durch die Gemeinde und die Verantwortung der Predigt vor der Gemeinde sind ja der Boden, auf dem sie oder er steht. Empfindlichkeit gegenüber der Predigtbeurteilung käme einer Verleugnung des Heiligen Geistes in der Gemeinde gleich. Aber wozu sollte man überhaupt predigen, wenn der Heilige Geist nicht in der Gemeinde wirksam wäre? Also, wer sich nicht raten und korrigieren lassen will, sollte auch nicht predigen.

Merke: Predigen kann, wer von der Gemeinde getragen ist durch Berufung, Bestätigung und Korrektur.

Überlege: 1. Welche praktischen Möglichkeiten gibt es in deiner Gemeinde, geistliche, helfende Kritik deiner Predigt zu erbitten und zu ermutigen? 2. Wo kannst du gemeinsam mit der Gemeinde deinen Dienst der Verantwortung an der Predigt besser erfüllen?

Teil C: Predigttext

1. Was soll dieser Abschnitt erreichen?

Eine Predigt soll entstehen. Wie wird es gemacht? Womit fangen wir an? Wir brauchen einen Predigttext. Wenn der Text nicht durch eine kirchliche Ordnung vorgegeben ist, müssen wir eine Entscheidung fällen. Welcher ist der richtige?

Dieser Abschnitt soll helfen, einen Predigttext zu finden. Vieles, was hier zur Textwahl gesagt wird, findet in späteren Kapiteln noch nähere Erklärung. Es handelt sich also zunächst um einen Einstieg in die praktische Predigtarbeit, die dann noch durch theoretische Erwägungen begründet wird.

2. Wie finden wir den Predigttext?

Der erste Schritt zur Predigt ist die Textwahl. Gibt es einen Bibeltext, der sich anbietet? Gibt es etwas, was in der gegenwärtigen Lage gesagt werden muss? Mit diesen beiden Fragen sind zwei Wege zum Predigttext angedeutet:

2.1 Textwahl, ausgehend von einer Erfahrung mit dem Text

Ein Text bietet sich an. Er drängt sich auf. Er sprach uns an, als wir zur Andacht die Bibel lasen. Vielleicht lasen wir auch gerade ein gutes Buch oder – eine nicht seltene Erfahrung – waren im Gespräch. Da fing Gottes Wort zu reden an. Was ist das für eine wunderbare Erfahrung! Durchblicke öffnen sich, die dem Leben Richtung geben. Staunen, Freude, Mut, Entschlossenheit sind die Folge. Wie gut, wenn wir solche Eindrücke und Erfahrungen mit dem Text schriftlich festhalten. Ein Merkheft dafür ist eine gute Hilfe. Vielleicht hat das Bibelwort so deutlich zu uns geredet, dass jetzt kein Zweifel besteht: Dieser Text muss verkündigt werden. Häufiger aber erleben wir, dass uns ein Text lockt und reizt. Er tat sich uns einen Spalt breit auf. „Es war wie der Blick in den Schacht eines Bergwerkes. Wir haben es tief unten schimmern gesehen. Diesen Text und seine Öffnung, seine Einstiegsluke, hielten wir damals mit ein, zwei Sätzen fest. Solch eine Notiz wird jetzt Ausgangspunkt einer fruchtbaren Predigtarbeit." (A. Pohl, Anleitung zum Predigen, Berlin 1966, S. 11)

Es ist also nicht so, dass wir einen beliebigen Text aus der Fülle auswählen. Vielmehr war zuerst der Text selbst aktiv. Er hat uns auf sich aufmerksam gemacht. Er hat zuerst geredet. Er hat unsere Neugier, unser Staunen, unsere Fragen geweckt. „Wir wählten ihn, weil er uns irgendwie überkam, weil *er* gewissermaßen *uns* erwählte. Das ist ja das Geheimnis befriedigender Textwahl. Im Entscheidenden verdanken wir den Predigtabschnitt nicht unserer Suche, sondern einer Heimsuchung, einem Gefundensein durch Gott. Textwahl wurde zum Textgeschenk. So steht der Anfang im Zeichen des Dankens." (A. Pohl, S. 11)

Studiere regelmäßig die Bibel, beschäftige dich mit biblischen Fragen! Halte Erfahrungen, Fragen und wichtige Gedanken schriftlich fest! Notiere dazu Textstelle und Datum! Vielleicht legst du dir ein Heft an.

2.2 Textwahl, ausgehend von der Situation

Auch der andere Weg ist möglich, wenn er auch schwieriger und gefahrvoller ist. Eine Situation hat uns betroffen gemacht. Vielleicht haben wir erkannt, dass unsere Predigthörerinnen und

-hörer in einer Not sind. Oder sie stehen vor einer Entscheidung und haben viele Fragen. Vielleicht sind sie auch in Gefahr und wissen es nicht. Es kann auch sein, dass sie voller Dank und Freude sind und diese Freude vor Gott ihren Ausdruck finden muss. Die Situation drängt uns zur Bibel. Was hat Gott dazu zu sagen?

Aber Vorsicht! Es könnte leicht sein, dass wir schon zu wissen meinen, was in dieser Lage gesagt werden muss. Die Bibel soll dann nur Argumente und Zitate liefern, die unsere Gedanken stützen. Das ist eine große Gefahr. So würde die Bibel missbraucht. Die Texte können nicht das sagen, was sie eigentlich sagen wollen. Gott wäre das Wort abgeschnitten. Wenn wir also von der Situation her zum Predigttext kommen, dann nur so, dass wir uns für diese Situation den Text schenken lassen. Die Situation zeigt noch nicht, worüber wir predigen sollen. Sie lässt uns fragen und im Wort suchen. Das fordert Geduld. Es ist nicht einfach, zu suchen und zu warten, bis ein Wort sich öffnet. Auch wenn man von der Situation der Hörer her nach dem Predigttext fragt, läuft es schließlich wieder auf das oben beschriebene Textgeschenk hinaus.

Merke: Textwahl ist Textgeschenk.

3. Welche Predigtform ergibt sich?

Es gibt verschiedene Predigtformen. Eine *Textpredigt* ist dadurch gekennzeichnet, dass Aufbau und Gedankengang von einem Text bestimmt sind. Wir folgen in unserer Predigt gewissermaßen der Predigt, die der Text uns hält. Wir gehen seine Gedankenschritte mit, greifen seine Vergleiche und Beispiele auf, übernehmen seine Predigtbotschaft. Das ist am einfachsten, wenn wir einen in sich geschlossenen Sinnabschnitt als Predigttext wählen. Das wird also ein Abschnitt von etwa 5 bis 20 Versen sein. Es kommt aber nicht auf die Zahl der Verse, sondern auf den Sinnzusammenhang an. Diese Predigtform gibt uns genügend Stoff. Die einzelnen Aussagen stehen in einem klaren Zusammenhang. Dadurch sind Missverständnisse leichter zu vermeiden. (Nur diese Form der Predigt wird in diesem Buch behandelt.)

Schwieriger ist es, eine Textpredigt nur auf einen einzelnen Satz der Bibel zu gründen. Sehr leicht wird der Satz falsch verstanden, weil der Zusammenhang nicht mehr beachtet wird. Es kann auch sein, dass der kurze Text sich schwer in einzelne Gedankenschritte unterteilen lässt. So entsteht leicht ein Durcheinander der Gedanken mit ständiger Wiederholung. Je kürzer der Predigttext ist, desto sorgfältiger und intensiver muss man auf seine Einzelheiten und auf seinen Zusammenhang achten.

Eine *Themapredigt* wird in ihrer Botschaft und in ihrem Aufbau nicht von einem Text, sondern von einem Thema bestimmt. Das Thema wird von verschiedenen Gesichtspunkten her behandelt. Diese verschiedenen Aspekte machen die Schritte der Predigt aus. Jedem Teilschritt werden dann Texte zugrunde gelegt. Auch hierbei dürfen die Texte nicht nur zur Bestätigung der Gedanken der Predigerin oder des Predigers dienen, sondern müssen die Aussage tragen. Eine Themapredigt ist also wie ein Bild, das aus verschiedenen kleinen Textdeutungen zusammengesetzt ist, die vom Gesamtthema her verbunden und geordnet werden.

Es gibt noch andere Predigtformen, die aber weniger häufig verwendet werden (Homilie, Dialogpredigt, Lesepredigt). Für den Anfang ist die Form, die sich auf einen *Textabschnitt* gründet, die geeignetste.

4. Wie vermeidet man Einseitigkeiten bei der Textwahl?

Ist der Predigttext ein Textgeschenk, dann kommt er sozusagen von außen auf die Predigerin oder den Prediger zu. Der Gedankengang des Textes ist nicht geläufig, die Verbindungen ungewohnt, die Vorstellungen fremd. Darauf wären wir nicht selbst gekommen. Diese Fremdheit nimmt bei intensiverer Arbeit am Text zunächst noch zu. Das erscheint nicht angenehm, ist aber eine besondere Chance. Wir können uns dadurch selbst in Frage stellen lassen. Wir gewinnen Abstand von uns selbst, von unseren Problemen und Selbstverständlichkeiten. Der Abstand hilft zu neuer

Perspektive. Gerade das Fremde, was in der Predigtvorbereitung viel Mühe macht, wird sich am Ende als besonders fruchtbar erweisen. Man darf es also nicht als Nachteil werten, wenn ein Text zunächst neben interessanten und reizvollen Seiten auch spröde und fremd erscheinende hat.

Merke: Dass sich der Text schwierig zeigt, ist die Chance, ihn neu zu erleben.

Zeigt sich der Text im Verlauf der Arbeit immer deutlicher von seiner spröden Seite, können wir versucht sein, ihn aufzugeben und einen anderen Text zu suchen. Das wollen wir aber nicht tun. Wir wissen ja, dass die Fremdheit des Textes eine notwendige und wichtige Erfahrung ist. Wie schade wäre es, wenn wir die Nüsse nicht knackten, sondern zur Seite legten! Wir wollen bei dem einmal gewählten Text bleiben und die Mühe, die er uns macht, als Chance erkennen.
Ganz wichtig ist, dass wir nicht zu spät mit der Arbeit an der Predigt beginnen. So haben wir genügend Zeit, den Abschnitt zu studieren.

Merke: Wir wollen uns zeitig für einen Text entscheiden und möglichst bei dem gewählten Abschnitt bleiben.

Dass die Chance des Fremden fehlt, ist auch der Grund, warum es sich über sehr bekannte Texte schwerer predigen lässt. Wenn wir schon wissen oder zu wissen meinen, worauf es hinausläuft, fehlt die Herausforderung. Es wird nichts Neues entdeckt. Wir erfahren keine Bereicherung. Auch die Hörerinnen und Hörer der Predigt sind weniger zur Aufmerksamkeit angereizt, wenn sie den Text schon sehr gut kennen. Entdecken wir dagegen an längst bekannten Texten ungewohnte und fremde Gedankengänge, dann kann das ein Einstieg zu neuer Arbeit am Text sein, die zu einer erfrischenden Erfahrung mit diesem Text führen kann.
Ebenso wie bei sehr bekannten Texten besteht auch bei wiederkehrenden Themen die Gefahr, keine echte Bereicherung vom Text zu erfahren, sondern bei dem zu bleiben, was wir schon immer

gedacht haben. Niemand ist davor sicher, immer wieder seine Lieblingsgedanken zu bringen. Deshalb ist es gut, über die erarbeiteten und gehaltenen Predigten Buch zu führen. Dabei offenbart sich, ob es vielleicht immer derselbe Gedanke war, über den gesprochen wurde. Es war nicht immer derselbe Predigttext, aber die Texte waren so gewählt, dass dieser eine Gedanke in den verschiedenen Texten entdeckt werden konnte.

Wenn die Predigttexte nicht selbst gesucht werden müssen, sondern zentral vorgegeben werden, ist das eine Hilfe gegen Einseitigkeiten. Wir können uns eine Reihe von Predigttexten auch selber stellen, indem wir ein biblisches Buch durcharbeiten. Auch Texte zu einer Themenreihe können wir uns vornehmen. Auf diese Weise kann Einseitigkeit in der Textwahl vorgebeugt werden.

Merke: Aufgetragene Texte und Aufzeichnungen über die Predigten helfen, Einseitigkeiten zu vermeiden.

Predigt ist Gottes Tun. Das fängt schon beim Textgeschenk an. Ein Prediger sagt nicht, was er sich selbst ausgedacht hat. Eine Predigerin wiederholt nicht, was sie schon immer gewusst hat – und was den Zuhörenden meist auch nicht neu ist. Wer predigt, tritt als beschenkte Person vor die Gemeinde.

2. KAPITEL: DIE SCHRIFT ALS GRUNDLAGE

Teil A: Predigt kommt aus dem Hören

Übersicht

1. Was soll dieser Abschnitt erreichen?

Jesus predigte: „Die Zeit ist erfüllt." (Mk 1,15) Was bedeutet das? Jesu Botschaft bezog sich auf eine früher gegebene Verheißung Gottes. Die Hörerinnen und Hörer kannten diese Ankündigung. Sie horchten auf, denn sie warteten auf die Erfüllung. Woher kannten sie die Verheißung? Worauf bezog sich Jesus? Jesus knüpfte an die Aussagen der Heiligen Schriften an. Seine Predigt war schriftgemäß. Dasselbe gilt von der Predigt der Apostel, ja von der Verkündigung im Neuen Testament insgesamt.

Was sollen wir predigen? In der Predigt wird ein Bibeltext gelesen. Warum eigentlich? Wozu dient der Text? Warum soll eine Predigt schriftgemäß sein? Und wodurch wird eine Predigt schriftgemäß? Sie ist doch nicht schon dadurch biblisch, dass ein Bibeltext vorkommt. Und wenn sie biblisch ist, ist sie dann nicht unzeitgemäß? Schließlich ist die Bibel ein sehr altes Buch.

In diesem Abschnitt wird bedacht, was der Text für die Predigt bedeutet. Er soll nicht Museumsstück sein, uralt und wertvoll –

aber überholt. Andererseits sollen aber auch nicht menschliche Meinungen oder moderne Ideen Inhalt der Verkündigung sein. Klarheit über das Wesen der Predigt wird dazu helfen, dass in ihr Gottes lebendiges Wort durch das Bibelwort redet.

2. Wir predigen nicht uns selbst

Was sollen wir predigen? „Wir predigen nicht uns selbst." (2 Kor 4,5) Wie der Prediger die Lage einschätzt, was die Predigerin denkt und fühlt, ist nicht Inhalt der Predigt. Welches Recht hätten wir, die Menschen mit unseren Meinungen aufzuhalten? Sind unsere Gedanken entscheidend? Wissen wir so viel mehr als andere?

Würde ohne Text gepredigt oder wäre der Text nur das Sprungbrett für allerlei eigene Gedanken, wären die Hörenden den Vorstellungen der Predigerin oder des Predigers ausgeliefert. Und der Prediger wäre in eine Rolle gedrängt, die ihn total überforderte. Seine Meinung wäre richtungweisend für viele andere. Die Predigerin müsste leisten, was sie nicht kann, was niemand kann. Ihre Vorstellungen würden zum Maßstab. Es hinge alles von ihr ab.

Dass sich die Predigt auf einen Text stützt, ist Zeichen dafür, dass der Inhalt der Predigt nicht von der Predigerin oder vom Prediger selbst kommt. Die Botschaft der Predigt kommt nicht von Menschen. Was wir predigen und im Glauben erfassen, ist nicht das Ergebnis unseres verstandesmäßigen Bemühens, auch nicht Resultat unserer moralischen Anstrengungen, es ist nicht Ausdruck unseres religiösen Innern oder unserer tiefsten Erfahrungen. Die Botschaft der Predigt kommt zu uns durch die Offenbarung Gottes, von der wir aus der Schrift wissen. Wer predigt, steht zwar den Hörerinnen und Hörern gegenüber, indem er ihnen Gottes Botschaft sagt. Aber wie die Hörenden der Predigt so steht eine Predigerin dem Text gegenüber, ist ein Prediger zuerst ein Hörer der Botschaft des Textes.

Merke: Die Predigtbotschaft gibt Gott.

3. Wir predigen nichts absolut Neues

Wir haben einen lebendigen Gott, der uns heute anredet. Was er sagt, ist aktuell. Aber wir haben nicht einen Gott, der heute das Gegenteil von dem sagt, was er gestern verkündigen ließ. Wie sollten wir uns da auf ihn verlassen können? Gottes Botschaft in der Gegenwart ist nicht völlig losgelöst von dem, was er in der Vergangenheit gesagt hat. Sonst könnten wir Gottes Wesen nie wiedererkennen, nie über Gott Gewissheit erlangen. Der Predigttext stellt die Verbindung her zu Gottes früherem Reden und Tun. Der Text ist ein Stück Vergangenheit, eine Tradition.

Die Botschaft der Predigt ist nicht eine von Gottes Geist eingegebene völlig neue Botschaft, sondern Gottes Geist bezieht sich auf die Schrift zurück. Predigen hat es mit dem Erinnern zu tun (Joh 14,26). Das bedeutet, dass das Wort Gottes in der Predigt im Zusammenhang steht mit früheren Worten Gottes und aus ihnen herauswächst. Gott knüpft an das wieder an, was er früher gesagt oder getan hat. Gott ist sich und uns treu.

Merke: Die Predigtbotschaft gibt Gott, indem er in seiner Treue an seinem früheren Wort anknüpft.

4. Wir predigen nicht ein altes, totes Wort

Wenn in der Predigt auch erinnert wird an Gottes früheres Wort, so ist Predigen doch mehr als Erinnern. Es wird nicht nur ein alter Text hervorgeholt und aktualisiert. Es wird nicht einfach der Inhalt eines alten Buches vorgestellt oder eine Theorie gelehrt. Wäre das alles, bestünde der Text aus toten Buchstaben. Und die Predigt dieses Textes wäre nur Wort, keine Tat. Die Hörerinnen und Hörer müssten schon selber zusehen, wie sie zur Theorie die Praxis fügen. Wir müssten selbst die Zukunft des Lebens gestalten, nachdem wir aus dem Text etwas über die Vergangenheit erfahren haben. Können wir das? Genügen denn die Aufrufe und Appelle? Können wir uns selbst erlösen? Darauf liefe es ja hinaus! Eine solche Predigt wäre nicht zukunftsträchtig. Wir hätten ein Gesetz vor uns, aber keine gute Nachricht. Wo bliebe Gottes Kraft in der

Predigt? Wo bliebe sein Schöpferwort, das nicht nur Wort, sondern immer auch Tat ist?

Der Text ist ein lebendiges, schöpferisches Wort. Was in der Bibel steht, ist ein Zeugnis früherer Christen, das in einer bestimmten Situation lebendig war. Es hat damals die Hörer oder Leser zum Glauben gerufen. „Dieses ist geschrieben, damit ihr glaubt." (Joh 20,31) Nicht Theorien sind in der Bibel aufgeschrieben, sondern Zeugnisse, die wieder neu und lebendig reden sollen. Die Texte sind Predigten, und sie wollen wieder zu Predigten werden.

Merke: Die Predigtbotschaft gibt Gott, indem er an die früheren Zeugnisse in der Schrift anknüpft und sie wieder zu lebendiger Anrede werden lässt.

5. Wir predigen nicht einzelne Verse oder Kapitel der Bibel

Ein Bibeltext in der Predigt garantiert nicht eine schriftgemäße Predigt. Unter Berufung auf Texte kann auch ganz unbiblisch gepredigt werden. Judenverfolgungen und Kriege, Polygamie und Umgang mit Totengeistern, Werkgerechtigkeit und Leben ohne jede Norm – vieles ist schon mit Bibelstellen begründet worden. Nicht die einzelne Bibelstelle ist der Inhalt der Predigt, sondern die Botschaft der gesamten Schrift. Das Ganze der Schrift regiert unseren Glauben und ist Grundlage der Predigt.

Das bedeutet, dass der einzelne Textabschnitt nicht einfach den Inhalt der Predigt darstellt. Vielmehr ist der Abschnitt der *Zugang* zur Predigtbotschaft. Beim Studium eines Textes erwarten wir, dass auch in diesem Abschnitt das Evangelium aufleuchtet, dass sich auch in diesen Versen die Autorität zeigt, die der ganzen Bibel zukommt. Wenn wir auf den Predigttext hören, dann erkennen wir, wie diese Worte damals das Evangelium ausgesagt haben. Damit leitet uns der Text an, auch heute das Evangelium auszurufen.

Merke: Die Predigtbotschaft gibt Gott, indem er im Predigttext die Mitte der Schrift, das Evangelium aufleuchten lässt.

6. Wir verkündigen das Evangelium von Christus

Inhalt der Predigt ist Christus. Er ist die Mitte der Schrift. Wenn wir ihn verkündigen, ist die Predigt schriftgemäß. Er ist das fleischgewordene Wort Gottes (Joh 1,1.14). In ihm hat sich Gott umfassend offenbart. In ihm hat er uns Zugang geschenkt zu seinen geheimsten Gedanken. Seit Christus Mensch wurde, für uns wirkte, litt, starb und auferstand, liegt Gottes Herz offen vor uns. Welchen Text wir auch wählen, so gilt doch, was Paulus sagt: „Ich hatte mir vorgenommen, nichts zu wissen als Christus, den Gekreuzigten." (1 Kor 2,2)

Welche Rolle spielt die Bibel für die Predigt? Die Schrift zeugt von Christus (Joh 5,39). In ihr finden wir bezeugt, was Gott in Christus getan hat. In ihr werden „die großen Taten Gottes" verkündigt (Apg 2,11). Wir haben also in der Bibel den Zugang zu Christus, der das Wort Gottes und der Inhalt aller Predigt ist. Einen anderen Zugang gibt es nicht. Deshalb muss jede Predigt schriftgemäß sein. Deshalb gehört zur Vorbereitung jeder Predigt die gründliche Arbeit am Text.

Warum wird in der Predigt der Text vorgelesen? Ist das notwendig, wo doch nicht der Einzeltext oder gar ein toter Buchstabe, sondern Christus die Mitte der Predigt ist? Der Text, der in der Predigt verlesen und ausgelegt wird, repräsentiert die Schrift. An ihm wird beispielhaft erkennbar, dass der Predigt die Bibel zugrunde liegt. So gibt der verlesene Text den Hörerinnen und Hörern die Möglichkeit nachzuprüfen, ob die Predigt schriftgemäß ist. Sie können nachlesen, den Zusammenhang prüfen. Sie können Christus im Wort der Bibel selbst suchen. Deshalb sollte in der Regel auf die Angabe von Stellen und das Vorlesen nicht verzichtet werden.

Merke: Die Predigtbotschaft ist das Evangelium von Christus nach der Schrift. Der Predigttext macht die Schriftgemäßheit nachprüfbar.

Teil B: Predigen kann, wer mit der Bibel lebt

1. Was soll dieser Abschnitt erreichen?

Wer kann predigen? Wer kann Gottes Stimme hörbar machen? Wer kann so reden, dass die Hörer nicht etwas Unverbindliches, etwas Harmloses, etwas Menschliches vernehmen, sondern Gottes Zuspruch, an dem man sich entscheiden muss? Vom Menschen kann solches Wort nicht kommen. Und es braucht auch keine Predigerin und kein Prediger die Botschaft selber zu erfinden, die in der Predigt gesagt werden soll. Sie kommt von außen auf uns zu, aus der Bibel. Predigen kann, wem das geschieht. Darum geht es in diesem Abschnitt.

2. Beständiges Studium der Bibel ist Trinken aus der Quelle

Die Bibel ist der Zugang zum Evangelium, der Zugang zu Christus. „Sie ist's, die von mir zeuget." (Joh 5,39) Die Bibel ist auch der Zugang zur Predigtbotschaft. Sie ist der Quellgrund für Gottes Wort heute. Wer aus dieser Quelle lebt, kann predigen.

2.1 Persönlich lesen

Wer predigen will, wird die Bibel nicht nur lesen, weil er eine Predigt ausarbeiten muss. Denn wer erst dann die Bibel zur Hand nimmt, wird ratlos vor den Texten sein: „Was soll ich predigen?" Viel besser ist die Bibel nicht nur „dienstlich" zu lesen, sondern für sich selbst. Das heißt, nicht nur gelegentlich, sondern beständig in ihr studieren. Es ist wie das Trinken aus der Quelle. Man kann sich satt trinken, köstlich! Aber man kann nie für immer satt sein. Im Gegenteil: Wer daraus getrunken hat, wird sich nicht mehr zu Billigerem wenden. Wer predigen will, überhaupt wer Christ oder Christin ist, lebt davon, die Bibel zu studieren. Dafür nimmt er sich Zeit, das ist ihr wichtig. Denn daraus wird der Glaube ernährt. Und daraus speist sich auch das Zeugnis in der Predigt. Wir wollen weder unterernährten Glauben noch mageres Zeugnis!

2.2 Nicht gleich an eine Predigt denken

Das persönliche Bibelstudium ist ganz zweckfrei. Da ist nicht ein schnelles und für die Predigt verwertbares Ergebnis nötig. Es ist wie eine Entdeckungsfahrt. Man kann sich auf jedes Abenteuer einlassen. Es ist wie freie Forschung. Da weiß der Forscher noch nicht, ob und wie die Entdeckungen einmal nutzbar werden.

Merke: Predigen kann, wer für sich selbst beständig die Bibel studiert.

2.3 Textzusammenhänge studieren

Bibelstudium kann so geschehen, dass textorientiert oder themenbezogen gearbeitet wird. Wer ein Thema wählt, hat es sich meistens schon von der Situation vorgeben lassen. Aus bestimmten Gründen interessiert ihn das Thema. Also, Interessen sind im Spiel. Außerdem muss er auf viele Textstudien aufbauen. Sind sie nicht sorgfältig gemacht, werden die Texte in das Thema gepresst und können nicht mehr das sagen, was sie wirklich sagen wollen. Sie werden missbraucht. Hier lauern also Gefahren.

Günstiger ist das Studium ganzer Abschnitte und Bücher. Wer systematisch einen Brief des Neuen Testaments, ein Evangelium oder sonst ein Buch durcharbeitet, gewinnt viel. Die großen Linien und Zusammenhänge werden sichtbar.

Auch das Studium kleinerer Abschnitte, etwa eines Psalms oder einer Psalmengruppe, einer Erzählung, einer Prophetenrede oder sonst eines Kapitels ist sehr lohnend. Bei kleinen Einheiten kann man mehr auf die Einzelheiten achten.

Größte Vorsicht ist geboten, wenn einzelne Sätze oder Verse bedacht werden. Sehr leicht können sich dabei Missverständnisse einschleichen, weil in der Sprache jedes Wort und jeder Satz aus dem Zusammenhang verstanden werden muss. Der biblische Zusammenhang sind die Aussagen des ganzen Kapitels, des ganzen Buches, der Bibel insgesamt sowie die damaligen Umstände, unter denen die Texte entstanden. Wenn der Zusammenhang nicht beachtet wird oder zu wenig bekannt ist, setzt die Lesende oder der Leser, ohne es zu merken, den eigenen Zusammenhang ein. Das ist aber ein ganz anderer, moderner, europäischer. So wird das Wort leicht falsch verstanden.

Es gilt also: Je kleiner die Texteinheit, desto sorgfältiger muss darauf geachtet werden, dass der Text nicht aus seinem Zusammenhang gerissen wird, sondern in ihm verstanden wird.

Merke: Wir studieren Abschnitte der Bibel in ihrem Zusammenhang.

2.4 Hilfe guter Bücher suchen

Das persönliche Bibelstudium sucht tief in den Text und seine Aussage einzudringen. Dazu helfen gute Bücher. Neben verschiedenen Bibelübersetzungen ist eine Konkordanz unentbehrlich. Empfehlenswert sind außerdem Bücher, die notwendige Informationen zum Text geben: Gute Kommentare, die sprachliche Einzelheiten erklären, ein Lexikon zur Bibel, theologische Wörterbücher, Bücher zur biblischen Umwelt, die über Gebräuche und damalige Vorstellungen berichten, ein Buch über die Geschichte Israels und des alten Orients und über die neutestamentliche Zeit. Das alles sind unmittelbare Werkzeuge zum eigenen Bibelstudium und zur Predigtvorbereitung.

Wie steht es mit „erbaulichen Büchern"? Sie können eine gute Anregung der Gedanken sein. Sie können aber niemals die eigene Arbeit an der Predigt ersetzen. Man kann nicht einfach einen gelesenen Abschnitt eines „erbaulichen" Buches als Predigt zurechtmachen.

„Erbauliche Bücher" liest man oft nur einmal. Wenn sie die eigene persönliche Lage treffen, können sie sehr hilfreich sein. Später verlieren sie an Bedeutung. Sie sind wie mundgerecht zurechtgemachte Speise, vielleicht auch etwas gesüßt. Sie sind dem momentanen Appetit angepasst. Wertvoller aber ist ein rechtes Konzentrat, etwa ein Bibellexikon oder ein Buch zur Umwelt des Neuen Testaments.

3. Studium der Bibel führt zur Mitte des Evangeliums

Das Studium der Bibel häuft nicht nur Wissen über einzelne Textstellen an. Wir lernen auch nicht nur die biblischen Bücher, ihre Verfasser und ersten Leser besser kennen. Vor allem erschließt sich uns immer mehr das Zentrum der Schrift. Jeder Textabschnitt, den wir besser verstehen, trägt wie ein Mosaiksteinchen dazu bei, unser Bild vom Evangelium zu vervollständigen, abzurunden oder auch zu korrigieren. Wir können auch sagen, und das ist viel persönlicher: Jeder Text offenbart uns Christus, zieht uns ein wenig näher zu ihm. Und darauf kommt es an. Wenn wir in der Predigt nicht Texte losgelöst von der Gesamtbotschaft der Bibel oder vielleicht sogar gegen das Evangelium verkündigen wollen, brauchen wir dieses abgerundete Verständnis des Evangeliums. Wir brauchen nicht nur Kenntnis von Texten, wir brauchen Verbindung mit Christus. So werden die Predigttexte richtig eingeordnet. Wir entdecken in ihnen den Strahl des Evangeliums, die Christusherrlichkeit, die sie widerspiegeln.

Merke: Wir studieren die Bibel, um Christus, ihrer Mitte, näher zu kommen.

4. Erfahrungen mit der Bibel geben der Predigt Kraft

Das Studium der Bibel lässt uns Jesus begegnen. Das hat Konsequenzen im Leben. Wir machen Erfahrungen. Das Wort erweist seine Kraft: Zuerst verändert es das Leben der Verkündigerin oder des Verkündigers, dann gibt es der Predigt Kraft, die Herzen zu durchdringen. Predigen kann, wer die Macht des Wortes Gottes im Leben erfährt. So wird die Predigt glaubwürdig. Predigt ist ein Zeugnis, hinter dem das eigene Leben steht, ein Zeugnis für die Macht des Wortes. Wer nicht selber glaubt und mit dem Wort lebt, kann nicht predigen.

Wenn wir zum Beispiel verstanden und erfahren haben, dass wir durch Jesus bei Gott angenommen sind trotz aller Fehler, dann werden wir im Alltag nicht gleich beleidigt reagieren, wenn uns jemand kritisiert. Unser Wert hängt doch nicht daran, wie gut man uns einschätzt. Wir können im Alltag Offenheit für Tadel und Gelassenheit gegenüber Kritik zeigen. Das wiederum wird unsere Verkündigung darüber, dass der Sünder bei Gott angenommen ist, glaubwürdig machen.

So hängen Predigt und Leben immer zusammen. Es gibt keine biblische Botschaft, die nicht Konsequenzen für den Alltag hätte. Das bedeutet, dass beim Bibelstudium jeder Bereich des Lebens in das Licht der Bibel getaucht werden muss. Das Wort wird bis in unseren Alltag vordringen. Kein Bereich des Lebens ist ausgeklammert, als hätte er nichts mit der Bibel zu tun. Gott will uns ja in seinem Wort entgegenkommen und da erreichen, wo wir sind. Er kennt uns durch und durch. So brauchen wir keine Erfahrung zu verdrängen, keine Schuld zu verbergen, keinen Zweifel und keine Frage abzuweisen. Es gibt keine Wirklichkeit unseres Lebens, die nicht dem Text ausgesetzt werden kann. Wir können vor dem Text ehrlich sein. So werden wir Erfahrungen machen. Das Wort wird uns verändern. Wir werden Vollmacht haben. Wir können predigen.

Merke: Predigen kann, wer die Bibel in sein Leben hineinnimmt.

5. Die Bibel ist der Predigerin und dem Prediger kostbar

Die Bibel ist der Zugang zum Evangelium, zu Christus, zur Predigtbotschaft. Sie ist ein Buch zum Leben. Wie wertvoll ist sie da für uns! Wie könnten wir predigen ohne eine hohe Wertschätzung der Bibel? Wie sollten unsere Zuhörerinnen und Zuhörer die biblische Botschaft Gottes annehmen, wenn wir die Bibel nicht lieben? Es bleibt den Hörenden nicht verborgen, ob ein Prediger, eine Predigerin nur so über die Bibel redet, weil es erwartet wird, oder ob das ganze Herz mitschwingt und das ganze Leben dahintersteht. Wer kraftvoll verkündigt, wird die Bibel lieben und mit ihr leben.

Was wir lieben, haben wir niemals satt. Je besser wir die Bibel kennen, desto mehr Verlangen haben wir, sie zu verstehen. Niemals sind wir mit ihr fertig. Der größte Feind des Bibelstudiums ist das Empfinden, den Text schon ausreichend zu kennen. Solche Oberflächlichkeit leisten wir uns nicht. So schnell geben wir uns nicht zufrieden. Es steckt unendlich viel in den Texten. Vor allem aber begegnet uns Jesus darin.

Studiere regelmäßig die Bibel! Lass darin nicht nach! Setze dein ganzes Leben der Bibel aus! Vergleiche und wiederhole die Aufgabe im 1.Kapitel, Teil C, Abschnitt 2.1!

Teil C: Textauslegung

1. Was soll dieser Abschnitt erreichen?

Predigt soll schriftgemäß sein. Daher gehört zur Vorbereitung der Predigt die Arbeit am Text (Exegese). Wir fragen: Was steht da? Wir lassen den Text zu Wort kommen. Wie wird das gemacht? Dieser Abschnitt gibt eine Anleitung.

2. Wir verschaffen uns einen Überblick über den Text

2.1 Vertrautwerden mit dem Text

Der Predigttext hat sich uns einen Spalt weit geöffnet. Er hat unsere Neugier geweckt. Nun wollen wir hineinsteigen. Aber wir tasten uns bedächtig und sorgfältig voran, damit wir uns nicht verirren.

Zunächst machen wir uns mit dem Text vertraut. Wir lesen ihn immer wieder, laut und langsam. Dabei achten wir auf eine sinnvolle Betonung. So wird dieser erste Schritt nicht zu einem flüchtigen Lesen, sondern führt zu einer intensiven Beschäftigung mit dem Text.

2.2 Übersetzungsvergleich

Kein biblisches Buch ist in unserer Sprache geschrieben worden. Um zu übersetzen genügt es nicht, einfach für ein Wort der biblischen Grundsprache das passende der anderen Sprache einzusetzen. So genau entsprechen die Wörter einander nicht. Auch wiechen die Gedankengänge in den verschiedenen Sprachen und Zeiten voneinander ab. Daher ringen die Übersetzer immer wieder darum, den Gedanken des Verfassers so genau wie möglich zu treffen. Wenn wir die verschiedenen Bibelübersetzungen vergleichen, sehen wir den Text von mehreren Seiten. Er wird uns verständlicher. Zugleich erkennen wir die Stellen im Text, die sehr unterschiedlich wiedergegeben werden und offenbar in ihrer Bedeutung und Übersetzung schwierig sind.

2.3 Mit eigenen Worten wiedergeben

Wenn wir uns den Text vertraut gemacht haben, versuchen wir den Inhalt mit unseren Worten wiederzugeben. Wo wir dabei nach Worten suchen müssen, wo die Sätze lang und unübersichtlich werden oder wo wir uns nur wenig unter dem Gesagten vorstellen können, da verstehen wir den Text noch zu wenig. Da ist noch Arbeit nötig.

Merke: Der Text muss uns gut vertraut sein, damit wir ihn verstehen lernen können.

2.4 Alles aufschreiben

Wir halten alles fest, was uns bei der Beschäftigung mit dem Text auffällt: Gedanken, die uns fremd sind; Fragen, die uns kommen; Entdeckungen, die wir machen; Verbindungen, die uns einfallen. Beim Aufschreiben beachten wir, dass die Gedanken übersichtlich dastehen, gut voneinander abgegrenzt. Wir schreiben also nicht einfach fortlaufend auf die Zeilen, sondern setzen ab, beginnen jeden neuen Gedanken nach einem freien Raum mit einer neuen Zeile. Das gilt sowohl für die Arbeit auf Papier als auch mit dem Computer. Papier beschreiben wir nur auf einer Seite, damit wir das Blatt nicht wenden müssen und den Überblick behalten.

Merke: Wir schreiben alle Gedanken, Fragen und Einfälle übersichtlich auf.

3. Wir untersuchen das Material des Textes

Jetzt nehmen wir den Text „auseinander". Aus welchen Teilen ist er aufgebaut? Was für Begriffe, Wendungen, Vorstellungen, Bilder kommen vor? Jeder Bestandteil wird untersucht. Das macht Mühe. Wir nehmen uns Satz für Satz vor. Diese Arbeit kann den Text, der ja mehr ist als eine Ansammlung von Begriffen, noch nicht erklären, aber sie ist unentbehrlich.

3.1 Die Begriffe

Wir untersuchen die vorkommenden Begriffe. Was ist zum Beispiel mit „Gnade", mit „Geduld", mit „Sünde" gemeint? Wir können nicht voraussetzen, dass unser heutiges Verständnis das trifft, was der Text mit diesen Begriffen sagen will. „Sündigen" in der Bibel ist etwas anderes als „trotz Übergewicht Schlagsahne essen". „Geduld" ist nicht etwas Passives, Kraftloses, sondern ist die Haltung, die trotz Schwierigkeiten durchhält, also viel Kraft erfordert. Auch wer mit christlichem Gedankengut vertraut ist, kann sich im Verständnis der Begriffe sehr irren.
Wir studieren die Begriffe, indem wir ihren Gebrauch an den verschiedenen Stellen untersuchen. Wie hat der Verfasser den

Begriff sonst gebraucht? Wie wird er in der Bibel noch verwendet? Auch die Häufigkeit des Begriffs kann Aufschluss geben: Handelt es sich um ein wichtiges Wort?

Wir brauchen dafür unbedingt eine Konkordanz. Wörterbücher, die biblische Begriffe erklären, können auch sehr helfen. Wer die biblischen Sprachen gelernt hat, ist natürlich besser dran. Was wir gefunden haben, schreiben wir auf.

3.2 Klare Vorstellungen

Im Text kommen Dinge und Tätigkeiten vor. Personen werden erwähnt. Bräuche und geschichtliche Zusammenhänge werden vorausgesetzt. Wir brauchen darüber klare Vorstellungen. Nehmen wir als Beispiel Jesu Gespräch mit der Samariterin (Joh 4): Wer waren die Samariter? Wie war das Verhältnis zwischen Juden und Samaritern? Wie und wann holte man Wasser? Was war das für ein Brunnen? Was hat es mit dem Streit um den Ort der Anbetung auf sich? Was ist mit „diesem Berg", auf dem angebetet wird, gemeint? So viele Fragen! Ohne klare Vorstellungen werden wir den Text nicht verstehen. Was verstand man unter „lebendigem Wasser"? Dazu muss man wissen, dass das in Palästina so kostbare Wasser in verschiedene Wertstufen eingeteilt wurde. Zisternenwasser, also in unterirdischen Becken gesammeltes Regenwasser, hatte den geringsten Wert. Brunnenwasser war besser. Am wertvollsten aber war „lebendiges Wasser". So nannte man das aus Quellen lebendig fließende Wasser. Daran dachte die Samariterin, wenn Jesus zu ihr von dem Wasser sprach, das er geben will.

Besonders Bilder und Gleichnisse leben davon, dass der Leser sich vorstellen kann, was erwähnt oder erzählt wird. Wer von uns weiß, wie man mit Sauerteig Brot bäckt, und kennt aus eigener Anschauung, welche durchdringende Kraft auch nur ein wenig davon hat? Bilder werden oft nur mit einem Wort angedeutet. Im Römerbrief (3,25) wird gesagt: Gott hat Christus als Sühnemittel (Luther: Sühnopfer) hingestellt. Palus verwendet hier einen Begriff aus dem alttestamentlichen Kult. Wie haben wir uns das vorzustellen? Jesus redet vom „Sammeln" und „Zerstreuen" (Mt 12,30).

Uns geht viel verloren, wenn wir nicht erkennen, dass hier das Bild von der Herde gebraucht wird.

Wir lesen also den Text mit großer Sorgfalt und setzen unser ganzes Vorstellungsvermögen ein. Wir wollen die geschilderten Dinge, Vorgänge, Tätigkeiten und Bilder lebhaft vor uns sehen. Flüchtigkeiten dürfen wir uns nicht leisten. Vieles zunächst Unverständliche erklärt die Bibel selbst, wenn wir andere Stellen hinzuziehen. Daneben sind Bücher zur Umwelt der Bibel und zur damaligen Geschichte hilfreich. Da haben andere für uns zusammengetragen, was über Dinge, Personen, Gebräuche und geschichtliche Entwicklungen bekannt ist. Ein großer Gewinn ist ein gutes Bibellexikon. Und nicht vergessen: Alle Gedanken aufschreiben! Übersichtlich und großflächig!

Merke: Klarheit über Begriffe und Vorstellungen zu erarbeiten bewahrt davor, in den Text fremde Gedanken hineinzutragen.

3.3 Der Zusammenhang

Unsere Kapitel- und Verseinteilung, die das biblische Buch in kleine Einheiten „zerschneidet", ist erst später hinzugefügt worden, der Verfasser unseres Textes kannte sie noch nicht. Er setzte voraus, dass sein Buch ganz durchgelesen wird. Entsprechend hat er es auch aufgebaut. Unser Predigttext ist ein kleines Stück aus einem größeren Zusammenhang. Wir werden ihn nur dann richtig verstehen, wenn wir den Zusammenhang beachten. Das ist bereits von Bedeutung bei Texten aus solchen Büchern, die Sammlungen darstellen, wie etwa bei den Psalmen oder den Sprüchen. Ganz unerlässlich ist es bei geschichtlichen Büchern oder Briefen. Wir fragen also: Was ist das Anliegen des ganzen Buches? Wovon redet der Verfasser vorher, was kommt danach? Kehren in unserem Text Gedanken wieder, die durch das ganze Buch hindurchgehen? Wie passt der von uns herausgeschnittene Teil in das Ganze? Ist er Begründung, Anwendung, Voraussetzung, Hinführung? – um einige Möglichkeiten zu nennen. Wir erkennen, wie wichtig eine gute Bibelkenntnis ist.

4. Wir denken die Gedanken des Verfassers nach

Die Materialien des Textes, die Worte und Begriffe sind mehrdeutig. Wie die einzelnen Schrauben und Räder noch keine Maschine erklären, sondern erst deren Zusammenspiel, so gibt erst der Zusammenhang des Satzes und des ganzen Textes den verwendeten Begriffen Eindeutigkeit. Nachdem wir also die einzelnen Teile des Textes untersucht haben, dringen wir jetzt zum Verstehen des Textes vor. Wir untersuchen, wie jedes „Teil" im Text „funktioniert".

4.1 Der Gedankengang

Eine ganz wichtige Voraussetzung: Nichts im Text ist belanglos! Jeder Satz und Satzteil hat seine Aufgabe im gesamten Text. Das bedeutet, wir können und müssen immer wieder Fragen stellen: Warum folgt jetzt dieser Gedanke? Wie kommt der Verfasser darauf? Warum gerade dieses Bild? Warum fügt er das an? Warum verwendet er diese Formulierung? Warum geht er jetzt dazu über? Dabei wollen wir alles ganz genau wissen. Keinesfalls zu früh aufgeben! Jeder Satz, jeder Gedankengang im Text hat seine Bedeutung. Je mehr wir fragen und suchen, desto mehr Antworten bekommen wir.

Zu beachten ist besonders die Verknüpfung der einzelnen Sätze. Die Bindewörter zeigen an, ob eine Aussage Begründung, Voraussetzung, Bedingung, Folge, Entfaltung usw. des Vorhergehenden ist. Geschieht keine ausdrückliche Verknüpfung, müssen wir nach dem logischen Zusammenhang fragen (vgl. im 1. Kapitel, Teil A zu Mk 1,15).

4.2 Die Stoßrichtung des Textes

Der Text wurde mit einer bestimmten Absicht geschrieben. Das gibt ihm ein Profil: Manche Aussagen sind ihm zentral, andere stehen am Rande. Es gibt „Höhen" und „Niederungen", es gibt einen „Gipfel". Bei der Erzählung von der Sturmstillung durch Jesus in Mk 4,35-41 werden in Vers 35.36 zunächst die Umstände erklärt. Dann kommt in Vers 37 Spannung auf: Die Unruhe des Sturmes und der Wellen ist kontrastiert mit der Ruhe des schlafenden Jesus (Vers 38a). Vers 38b steigert und zeigt die Jünger in höchster Aufregung, so dass sie sich sogar zu Vorwürfen gegen Jesus hinreißen lassen. Dann kommt das Wunder (Vers 39). Jesus greift ein. Das ist ein deutlicher Höhepunkt. Aber ist die Geschichte damit am Ziel? Erzählt Markus, um zu zeigen, was Jesus alles kann? Ein neuer Einsatz in Vers 40 bringt ein wichtiges Stichwort: „Glauben". Und Vers 41 macht dann ganz klar, worum es eigentlich geht. Es geht um die Frage: Wer ist Jesus? Markus schließt mit der Frage: „Wer ist der?" Damit fordert er den Leser heraus, sich selbst diese Frage zu beantworten: „Wer ist dieser Jesus für dich?" Das ist das Ziel des Textes.

Auch das ist von Bedeutung: Welche Form hat der Text? Handelt es sich um eine Erzählung, um ein Gleichnis, um ein Lied, ein Gebet? Ist es vielleicht eine Anweisung für Priester, eine Unterweisung der Taufbewerber, eine Ermahnung für Gemeindemitarbeiter? Die Wahl der Form kann Aufschluss über die Absicht des Textes geben.

So untersuchen wir, wo Höhepunkt und Ziel des Textes ist. Wir spüren den Absichten des Verfassers nach. Was wollte er sagen und erreichen? Damit sind wir aber schon bei dem nächsten Punkt:

4.3 Die Empfänger

Der Text hat nicht nur ein sachliches Ziel, es waren auch ganz bestimmte Personen im Blick des Verfassers. Wen meinte er? Wen hatte er vor Augen, als er sein Buch schrieb? Besonders bei Brieftexten ist eine Kenntnis der Empfänger wichtig. Ein Brief ist wie eine Hälfte eines Gespräches. Die Briefe des Paulus etwa nehmen beständig Bezug auf Situationen, Anfragen und Einwände der Empfänger. Die andere Hälfte des Gesprächs ist uns aber nicht erhalten. Wir müssen sie erschließen. Ähnliches gilt von Texten der alttestamentlichen Propheten. Eigentlich sind alle Schriften der Bibel bezogen auf konkrete Menschen in konkreten Situationen. Wer waren diese Menschen? In welcher Lage, in welcher inneren Verfassung befanden sie sich? In welcher konkreten Not, Gefahr oder Mutlosigkeit sollte ihnen geholfen werden? An welcher konkreten Erfahrung oder Freude nimmt der Verfasser Anteil? Auch die Frage nach den ersten Lesern des Textes erschließt uns also seinen Sinn.

4.4 Der Zusammenhang zum Evangelium

Wiederhole im 1. Kapitel, Teil A, den 4. und 5. Abschnitt!

Wir haben dem Gedankengang des Verfassers nachgespürt und gefragt, was er sagen will. Jetzt halten wir inne. Wir haben ja einen Text der *Bibel* studiert! In welchem Zusammenhang steht unser Text zur Botschaft der Bibel? Jesus sagte von der Schrift: „Sie ist's, die von mir zeuget." (Joh 5,39) Er meinte das Alte Testament, aber das gilt für das Neue Testament noch viel mehr. Nun fragen wir: In welcher Weise zeugt dieser Text von Christus? Wie ist hier das Evangelium bezeugt? Denn das Evangelium zu verkündigen ist unser Auftrag. Sicher ist nicht in jedem Text von Jesu Kreuzestod die Rede. Wir lesen das nicht gewaltsam in den Text hinein. Aber wir entdecken in ihm einen Strahl der Christusherrlichkeit. Auch in unserem Text kommt die Liebe Gottes zum Ausdruck, auch in ihm ist Hoffnung für den Menschen. Das gilt es aufzuspüren.

Merke: Den Text zu verstehen heißt, den Zusammenhang des Textes im Buch, in der ganzen Bibel, in der Zeit und der damaligen Situation zu verstehen.

Wieder schreiben wir uns alles auf, was wir gefunden haben. Es werden immer mehr Stichworte und Gedanken auf Zetteln oder im Computer. Nicht zu eng schreiben, die einzelnen Gedanken deutlich absetzen!

5. Wir suchen den Austausch

Bibelauslegung ist nicht Arbeit im Alleingang. Wir brauchen den Austausch, damit die Gedanken angeregt werden, auch damit wir nicht auf Abwege geraten. Haben wir nicht jemanden, mit dem wir über unsere Gedanken sprechen können, einen Partner oder eine Partnerin, einen Freund oder eine Freundin? Warum erzählen wir nicht jemandem, was wir im Text entdeckt haben? In der Gemeinde sind Schwestern und Brüder, die zuhören und ein offenes Wort sagen können.

Auch Kommentare sind eine gute Hilfe. Einige Kommentarreihen sind auch für Nichttheologen leicht zu verstehen. Sie bieten sprachliche, historische und bibelkundliche Informationen. Wir erfahren, wie andere den Text verstanden haben. Das zu verachten wäre unser Schaden. Aber wir ersparen uns nicht das eigene Denken. Wir lesen sorgfältig und kritisch. Wir verarbeiten, was wir lesen. Unsere Predigt soll ja nicht eine Zitatensammlung werden.

Merke: Textauslegung braucht den Austausch.

6. Wir scheuen die Arbeit nicht

Wozu eigentlich die viele Mühe um den Text? Unsere Zuhörer werden ja doch nicht merken, ob unsere Auslegung korrekt ist. Oder doch? Warum nicht das bringen, was sich leicht erklären lässt oder uns so schön bestätigt? Wenn wir solchen Gedanken Raum geben, disqualifizieren wir uns als Verkündiger des Wortes Gottes.

Aber es ist doch der Heilige Geist und nicht menschliches Mühen, wodurch die Predigt gelingt. Wozu dann die Anstrengung? Oberflächliche Arbeit am Text kommt einer Verachtung des Textes gleich. Ob es der Heilige Geist hinnehmen kann, wenn wir das Zeugnis der Schrift nicht sorgfältig hören? Ist der Geist nicht bei der Entstehung der Schrift beteiligt gewesen? Will der Geist uns nicht an das bereits ergangene Wort erinnern (Joh 14,26), seine Verkündigung davon nehmen (Joh 16,15)? Wir wollen die Arbeit nicht scheuen!

Wenn wir unsere Sache gut gemacht haben, ist uns der Text zwar verständlicher geworden, aber noch nicht unbedingt näher gekommen. Im Gegenteil: Wir haben etwas gemerkt von dem großen geschichtlichen Abstand, den wir zu den ersten Lesern des Textes haben. Das ist gut so! Der Text kann doch nicht zu uns reden, wenn wir ihn in seiner Eigenart, auch in seiner geschichtlichen Eigenart, nicht zu Wort kommen lassen. Wer zu schnell an die

Predigt heute denkt, der wird im Text immer nur das finden, was ihm vertraut und bekannt ist. Er wird bald langweilig predigen. Man kann den Weg vom Text zur Predigt nicht ungestraft abkürzen.

Besonders groß ist diese Versuchung, wenn uns beim Textstudium ungewohnte Gedanken begegnen oder Traditionelles in Frage gestellt zu sein scheint. Aber wollen wir es machen wie die Schriftgelehrten alter Zeit, die ihre „gute Schrifterkenntnis" dazu benutzten, Gottes Anspruch abzuweisen? Es wäre geistlicher Hochmut, zu meinen, da wäre nichts mehr zu lernen. Arbeit am Text ist Hinhören und nichts als Hinhören. Und wenn das Gehörte nicht zur bekannten Melodie passt, dann wollen wir uns nicht die Ohren verstopfen, sondern Gottes neues Lied zu lernen versuchen.

Merke: Nicht sorgfältig auf den Text zu hören ist eine Verachtung des Heiligen Geistes.

Wir wollen die Arbeit nicht scheuen. Aber können wir wirklich *jedem* Gedanken im Text mit gleicher Sorgfalt nachgehen? Muss nicht eine Auswahl getroffen werden? Während wir am Text arbeiten, Fragen stellen, Antworten suchen und uns Notizen machen, gehen die Gedanken immer wieder zu der Frage, was das für uns heute zu sagen hat. Wir entdecken Zusammenhänge, die uns betreffen, die uns froh machen oder auch ins Gericht nehmen. Auch solche Gedanken halten wir schriftlich fest. Von ihnen her ergeben sich neue Fragen an den Text. Wenn es zum Beispiel bei uns heute eine Not gibt, an die uns der Text erinnert hat, dann wollen wir nun wissen, ob es im Text Hinweise gibt, ob es den Menschen damals ähnlich ging und was sie für Hilfe fanden. So ergeben sich Schwerpunkte für das Textstudium. Wir wählen aus, was besonders wichtig ist. Wir vergessen unser Ziel nicht: Wir wollen nicht alles über den Text wissen, sondern wir wollen eine Predigt ausarbeiten.

Überdenke und fasse zusammen: Welche Schritte sind zu gehen, um zu einem guten Verständnis des Textes zu gelangen?

3. KAPITEL: DIE GEGENWÄRTIGE SITUATION

Teil A: Predigt ergeht in die gegenwärtige Situation

Übersicht
1. Was soll dieser Abschnitt erreichen?
2. In der Predigt spricht der lebendige Gott zu den Menschen
3. Predigt ist konkret
4. Predigt ist aktuell
5. Predigt wendet sich an viele Zuhörer
6. Predigt ist öffentlich
7. Predigt ist nicht von den Zuhörenden, sondern von Gott abhängig

1. Was soll dieser Abschnitt erreichen?

Jesus predigte: „Die Zeit ist erfüllt." (Mk 1,15) Seine Predigt bezog sich also auf die Gegenwart: „*Heute* ist die Zeit erfüllt." Oder auch: „Heute ist dieses Wort erfüllt." (Lk 4,21) Jesu Predigt war aktuell. Einige Jahre zuvor konnte sie noch nicht gehalten werden, denn da war die Zeit noch nicht reif. Und einige Jahre später, als nach Jesu Auferstehung die Jünger Jerusalem mit dem Evangelium erfüllten, war die Predigt wieder anders geworden.

Die Predigt soll aktuell sein. Warum eigentlich? Ja, nützte sie denn etwas, wenn der Hörer keinen Bezug zu seiner Gegenwart fände? Nein. Wie aber wird sie aktuell? Doch nicht einfach nur dadurch, dass die Sprache mit modernen Wendungen angereichert wird oder moderne Themen behandelt werden (Umweltschutz, Wissenschaft) oder die Interessen der Hörer berücksichtigt werden.

In diesem Abschnitt geht es darum, wie die Situation des Hörers auf die Predigt einwirkt. Die Verkündigung soll nicht den Wünschen der Hörer unterworfen, aber doch aktuell und lebensnah sein.

2. In der Predigt spricht der lebendige Gott zu den Menschen

In der Predigt offenbart sich Gott und begegnet dem Menschen mit seiner Liebe.

Wiederhole im 1. Kapitel, Teil A, den 3. und 4. Abschnitt!

Die Predigt ist nicht vergleichbar mit einer unpersönlichen Postwurfsendung: „An alle Haushalte!" Sie ist vergleichbar mit einem persönlichen Brief. Da steht mein Name darauf, da werde ich persönlich angeredet. In der Predigt geschieht etwas zwischen Gott und den Hörerinnen und Hörern. Gott und Mensch treten als Personen miteinander in Beziehung. Es wird also nicht nur Information angeboten.

Informationen können etwas Totes sein. Lehre und Wissen kann weitergegeben werden, auch wenn der Lehrer oder Entdecker längst gestorben ist. In der Predigt aber handelt der lebendige Gott. Was da gesagt wird, ist eine persönlich geprägte Wahrheit. Es wird nicht nur Lehre wiederholt und weitergesagt. Auch wird nicht nur biblische Aussage oder Geschichte dargestellt und analysiert. Vielmehr bringt die Predigt Gottes Wort so zur Geltung, dass sich die Zuhörenden als lebendige Personen vom lebendigen Gott angeredet wissen.

Merke: Die Predigtbotschaft ist eine persönliche Wahrheit.

3. Predigt ist konkret

Wo jemand angeredet wird, da ist die Rede konkret. Gott sprach niemals unbestimmt zur Menschheit überhaupt. Zu Nikodemus hat Jesus anders gesprochen als zu Martha, Paulus hat an die Gemeinde in Korinth anders geschrieben als an Philemon. Immer hat Gott bestimmte Menschen angeredet und sie in der entsprechenden Weise erreicht. Gott kam den Menschen so nahe, dass er ihre jeweilige Sprache und Art annahm. Die Vielfalt in der Bibel legt dafür Zeugnis ab.

Auch heute redet Gott konkret. So wie ein Brief einen bestimmten Namen trägt, so ist Gottes Botschaft in der Predigt an konkrete Personen gerichtet. Gott will auch heute den Hörern in ihrer Sprache, in ihrer Lage, in ihrem Leben begegnen. Die Predigt soll *lebensnah* sein. Das bedeutet, dass jede Predigt von den Hörern mitgeprägt ist. Gott sagt allen sein Evangelium, aber er sagt es in immer neuer Ausprägung, in ganz verschiedener Sprache. Die Akzente werden je nach Hörerkreis unterschiedlich sein. Die Art und Sprache der Hörerinnen und Hörer, ihre Lage und ihr Leben wirken auf die Predigt ein. Es kann nicht überall das gleiche gesagt werden. Wird also das gleiche Predigtkonzept für eine Predigt vor anderen Hörerinnen und Hörern verwendet, so wird es doch eine andere Predigt sein müssen.

Merke: Die Predigtbotschaft ist eine konkrete Wahrheit.

4. Predigt ist aktuell

Jede Predigt trifft die Hörerinnen und Hörer in einer bestimmten Situation. Vielleicht sind sie in Feststimmung, zum Beispiel, weil alle Welt Weihnachten feiert. Oder sie sind verstört durch Katastrophen oder aufgeschreckt durch politische Ereignisse. Vielleicht sind sie selbstgerecht, oder Misserfolge haben sie mutlos gemacht. In dieser jeweiligen Lage werden die Menschen durch Gottes Wort erreicht. Gott handelt, geht auf sie ein, spricht sie mit aktueller Wahrheit an. So haben wir es erlebt: Sind wir verzagt, dann richtet er uns auf. Sind wir traurig, dann tröstet er. Wenn wir selbstsicher sind, dann erschreckt er uns, in unserer Selbstgerechtigkeit überführt er uns unserer Schuld. Sein umfassendstes Tun aber ist, dass er durch die Predigt den Glauben schafft. Wer Gott nicht kannte, fasst in Christus Zutrauen zu ihm, wer ihn nicht mehr verstand oder aus den Augen verloren hatte, gewinnt wieder Mut, das Leben mit ihm zu wagen. „Der Glaube kommt aus der Predigt." (Röm 10,17)

Es genügt also nicht, etwas zeitlos Richtiges zu predigen. Es muss das Richtige in diesem Moment und für diese Hörer sein. Es muss die gegenwärtige, aktuelle Wahrheit sein.

Merke: Die Predigtbotschaft ist eine aktuelle Wahrheit.

5. Predigt wendet sich an viele Zuhörer

Die Predigt ist aktuell, sie erreicht die Menschen in ihrer Situation. Aber ist die Situation nicht sehr vielfältig? Die Hörer sind doch nicht alle in der gleichen Lage. Wie kann die Predigt das berücksichtigen?

Individuelle Situationen anzusprechen ist nicht das Ziel der Predigt. Während jemand krank ist, sind andere gesund und stark. Einer der Hörer ist gerade in einer Krise, andere feiern ein Familienfest, wieder ein anderer ist tief in Schuld verstrickt. Was nur einen der Hörer oder nur wenige angeht, gehört nicht in die Predigt, sondern in die persönliche Seelsorge. Aber es gibt immer auch Komponenten der Situation, die allgemein gelten. In der Predigt geht es nicht um die individuelle Lage der einzelnen Personen, sondern um das, was für alle zutrifft, die der Predigt zuhören.

Vielleicht hat die ganze Gemeinde mit geistlicher Müdigkeit zu kämpfen, oder alle sind durch Tagesereignisse beunruhigt. Vielleicht ist es auch eine Schuld, die alle angeht, die den Hörern Not macht. Was alle betrifft, rechtfertigt eine Predigt, ja fordert sie heraus.

Jesus hat die Situation seiner Zuhörerinnen und Zuhörer beachtet. Er wusste, wann sie „wie Schafe ohne Hirten" (Mt 9,36) waren, wann ihr Herz hart war, wann sie durch politische Ereignisse voller Erwartung waren, wann sie resignierten. Weil er die Menschen und die Zeit kannte und auf sie einging, war seine Predigt voller Kraft.

Merke: Was nur einzelne angeht, gehört nicht in die Predigt.

6. Predigt ist öffentlich

Wer sind eigentlich die Hörerinnen und Hörer der Predigt, deren Situation bedacht werden muss? Sind es die, die zum Gottesdienst immer da sind? Aber es könnte ja diesmal jemand kommen, mit dem niemand gerechnet hat. Sind es alle Gemeindeglieder? Wie steht es mit Gästen?

Predigt ist öffentlich. Jeder hat Zutritt. Das bedeutet, dass auch die in der Predigt angesprochene Situation so allgemeingültig sein muss, dass jeder, der kommt, sich angesprochen fühlt. Und wenn jemand das erste Mal zuhört und noch nicht alles versteht, so wird er doch erkennen, dass ihm etwas Gutes angeboten wird. Aber vielleicht sind gar keine Gäste da? Wenn die Predigt lebensnah und konkret auch für die ist, die noch nicht da sind, werden die, die da waren, andere einladen.

Überlege: Wie viele Menschen sind deshalb von Christentum und Kirche distanziert, weil die Predigt in Thema, Sprache und Vortrag nur auf die Belange der „Frommen" eingestellt ist? Wie kommt es, dass eine Verkündigung, die Kirchenfernen in ganz einfacher Weise das Evangelium bringt, auch für langjährige Gläubige sehr hilfreich ist?

7. Predigt ist nicht von den Hörenden, sondern von Gott abhängig

Predigt soll aktuell sein. Damit wird der Predigtinhalt auch von den Hörerinnen und Hörern bestimmt. Besteht da nicht die Gefahr, dass gepredigt wird, was die Leute hören wollen? Wird da die Predigt nicht den Zuhörenden hörig?

Als Jesus sah, dass die Menschen wie Schafe ohne Hirten waren, verstand er ihre Lage besser, als sie sie selbst verstanden. Und als er verkündigte, dass die Zeit erfüllt ist, war der zuhörenden Menge auch nicht bewusst, in welcher Zeit sie lebten. Die Predigtsituation ist nicht unbedingt, was die Menschen selbst für ihre Situation halten, sondern was Gott dafür hält. Es könnte ja sein, dass sich Gläubige für reich halten, dass sie nach der geeigneten Anwendung ihrer Möglichkeiten suchen. In Gottes Augen aber stehen sie jämmerlich da, und das ist ihre wahre Situation, die in der Predigt angesprochen wird (Offb 3,14-22). Es könnte auch sein, dass eine Gemeinde ihre Not darin sieht, dass es Differenzen darüber gibt, wie der christliche Glaube ausgelebt werden soll. Aber in Gottes Licht besehen liegt es nicht an einer falschen Glaubensübung, sondern am Mangel an der Liebe, wie sie in Christus offenbar geworden ist. Darüber muss dann gepredigt werden (Röm 14,1-15,13). Wenn also die Predigt auf die Situation der Hörerinnen und Hörer eingeht, weil sie aktuell ist, so bedeutet das nicht, dass sie von ihnen abhängig ist. Sie ist vielmehr von Gott abhängig, der die Situation der Menschen richtig versteht.

Merke: Nicht das ist die Predigtsituation, was Menschen dafür halten, sondern wie Gott sie sieht.

Teil B: Predigen kann, wer ehrlich und aufmerksam lebt

1. Was soll dieser Abschnitt erreichen?

Gott hat sich vorgenommen, die Menschen in ihrer Situation zu erreichen. Er kommt ihnen nahe in ihrer Sprache, in ihrem Lebenskreis. Er will unbedingt verstanden werden. Dafür zahlte Gott einen hohen Preis. „Das Wort wurde Fleisch" (Joh 1,14), Gottes Sohn wurde Mensch, damit die Verständigung zwischen Gott und Mensch möglich wurde.

Seinen Zeugen gab Jesus den Auftrag, in derselben Gesinnung Gottes Wort zu sagen. Sie sollen „hingehen in alle Welt" (Mk 16,15). Es ist der gleiche Preis, um den das Evangelium verständlich wird: Sie sollen ebenso wie Jesus mitten unter den Menschen leben, ihre Sprache sprechen, ihre Lebensumstände teilen. Obwohl sie „nicht mehr von dieser Welt sind", oft anders leben und andere

Ziele haben, nimmt sie Jesus doch nicht von dieser Welt (Joh 17,14.15). So soll das Evangelium inmitten der Menschen hörbar werden. Welche Konsequenzen hat das für Predigerinnen und Prediger? Das ist die Frage, um die es in diesem Abschnitt geht.

2. Predigen kann, wer mit den Hörerinnen und Hörern lebt

2.1 Das Evangelium soll ankommen

Wer predigt, ist Mittler zwischen dem Predigttext und der Hörersituation. Wenn er oder sie den Text studiert, dann als eine Person, die mitten im Leben steht, die von der gleichen Situation betroffen ist wie alle anderen. Sie trägt die Gegenwart an den Text heran. Sie hört den Text mit den Ohren der Menschen, die dann später in der Predigt vor ihr sitzen. Was Gottes Wort zuerst ihr sagt, das sagt es durch sie auch zu den Mitmenschen. Sie ist wie ein Spiegel, der Gottes Wort zu den Menschen reflektiert.

Was würde aus der Predigt, wenn jemand verkündigt, der die Hörerinnen und Hörer nicht kennt, sondern in einer ganz anderen Welt lebt? Ein solcher Prediger könnte ihnen Gottes Botschaft nicht sagen. Was er aus dem Wort Gottes vernimmt, ginge die anderen nichts an. Die Menschen, die einer solchen Predigerin zuhören, würden sie nicht verstehen. Sie würden sich in ihrer Predigt nicht wiederfinden. Sie gingen für sich selbst leer aus. Was sie brauchen, würde nicht gesagt. Schlimmer noch, es würde das gebracht, was ganz unpassend in ihrer Lage ist. Vielleicht wiegen sich die Leute in falscher Sicherheit. Der Prediger aber weiß das nicht, lebt innerlich weit von ihnen entfernt. Er predigt über Gottes Gnade. Das ist eigentlich nicht falsch, wird aber von den Hörerinnen und Hörern als Bestätigung in ihrer Sicherheit aufgenommen. Oder die Menschen sind von Leid betroffen. Weil sie keinen Sinn finden, werden sie an Gott irre. Die Predigerin aber versteht sie nicht. Sie deutet das Leid als Strafe und meint, sie müssten in eine rechte Zerknirschung geführt werden, weil das einer frommen Bußgesinnung angemessen sei. Sie stürzt sie dadurch in Verzweiflung. So verfälschen weltfremde Verkündiger das Evangelium. Sie sind wie ein Spiegel, der das Bild verzerrt. Wenn Gott uns zur

Verkündigung des Evangeliums ruft, dann will er nicht nur, dass wir *etwas Richtiges* sagen oder das Richtige *meinen*. Gott will, dass sein Wort richtig *ankommt*. Wer nicht mit beiden Beinen in der Wirklichkeit steht, kann nicht predigen. Christus, das „Wort", kam in die Welt. Sollten wir uns aus der Welt zurückziehen?

Merke: Wer das Evangelium nicht in die Situation der Hörerinnen und Hörer sagen kann, verfälscht es.

2.2 Wer am Leben der Mitmenschen teilhat, kann Vermittler der Botschaft Gottes sein.

Predigen kann, wer das Leben und die Welt kennt. Nur so können die Hörerinnen und Hörer da erreicht werden, wo sie sind. Nehmen wir ein Beispiel: Ein Mensch ist gestorben, eine Familie trauert und die ganze Gemeinde ist betroffen. Was kann der Prediger der Gemeinde in der Predigt sagen? Wie kann er erfahren, was Gott in dieser Lage zu sagen hat? Er muss sich von Gottes Wort aus der Bibel im Herzen treffen lassen. Gottes Trost muss ihn im Innersten erreichen. Dann kann er Zeuge Gottes sein und den göttlichen Trost der Gemeinde sagen. Wie aber kann er Gottes Trost in seinem Herzen hören, wenn er gar nicht trauert? Wie könnte er Zeuge Gottes sein vor seinen Hörerinnen und Hörern, wenn er nicht zuerst Zeuge seiner leidbetroffenen Mitmenschen vor Gott gewesen wäre? Wer nicht mit den Menschen leidet, kann ihnen nur einige dogmatische Richtigkeiten über Tod und Auferstehung sagen. Todtraurige Herzen trösten kann er nicht.

Was hier am Beispiel des Trostes Leidtragender gezeigt wurde, gilt in jedem Fall: Wer sich nicht hineinbegibt in das Leben seiner Hörerinnen und Hörer, kann ihnen nicht Gottes Wort sagen. Paulus wusste das, wenn er sagt, dass er „allen alles geworden ist, damit er einige von ihnen gewinnen kann" (1 Kor 9,20-22). Wer predigen will, muss wissen, was die Menschen bewegt. Er oder sie muss mit ihnen lachen und weinen. Sie muss dabei sein, wo man feiert. Er muss die Kranken besuchen und sich dem Elend der Pflegeheime aussetzen. Sie muss viele Besuche machen. Er muss mit den Mitmenschen Angst haben und sich mit ihnen für gute

Ziele engagieren. Nicht dass die Predigerin oder der Prediger wie alle reden muss und alles mitmachen muss. „Man muss sozusagen mit dem Lesen der Zeitung auf dem laufenden sein, um dann gerade nicht das zu sagen, was in der Zeitung steht und nicht so zu reden, wie die Zeitung redet. Man muss überhaupt mit allem auf dem laufenden sein, was in der Gemeinde vor sich geht – mit Ausnahme des Klatsches, von dem man nicht wenig genug wissen kann –, um all das dann gerade nicht zum Gegenstand seiner Predigt zu machen," sondern die Botschaft Gottes aus der Bibel (H. Diem, Der Theologe zwischen Text und Predigt, in: Evangelische Theologie 7, 1958, S. 297).

Merke: Wer die Situation der Hörerinnen und Hörer kennt und teilt, kann zum Mittler und Zeugen des Wortes Gottes für diese Situation werden.

2.3 Wer nicht hauptamtlich predigt, hat eine besondere Chance

Besonders die Predigerinnen oder Prediger, die nicht hauptberuflich predigen, sondern wie die Zuhörenden anderer Arbeit nachgehen, haben die Chance, lebensnah zu predigen. Sie haben einen Vorteil, den die in der Kirche Angestellten nie einholen können. Sie kennen das tägliche Leben der Menschen besser, sie sind ihnen darin näher – und die Hörerinnen und Hörer wissen das. Dieser Vorteil sollte gepflegt werden durch ein besonderes Bemühen um lebensnahe Predigt.

2.4 Lebensnahe Predigt kommt an

Die Zuhörenden merken, ob die Predigerin oder der Prediger unbeteiligt an ihrem Geschick die Gedanken vorträgt. Sie hören, wenn jemand weltfremd ist und seine Predigten am „grünen Tisch" schreibt. Sie empfinden den Prediger dann als einen, der vom hohen Thron herunter gönnerhaft belehrt, oder sie erleben die Predigerin als eine, die streng richtet. Oder sie langweilen sich, weil das Gesagte mit dem Leben, wohl auch dem Leben der sprechenden Person, nichts zu tun hat. Ebenso empfinden die Hörerinnen und Hörer, ob der Verkündiger oder die Verkündigerin mit ihnen unterwegs ist, mit ihnen lebt und leidet. Sie wissen dann: Das Gotteswort, das den Menschen erreicht hat, der zu ihnen spricht, hat auch ihnen etwas zu sagen.

3. Predigen kann, wer vor sich selbst ehrlich lebt

3.1 Ehrlich leben hilft, sich in die Lage anderer zu versetzen

Keine Verkündigerin, kein Verkündiger kann *alle* Erfahrungen seiner Mitmenschen selber durchleben. Aber sie kann es lernen, sich in die Lage anderer zu versetzen. Er kann sich üben, „in ihren Schuhen zu laufen". Wie geht das? Wer schon einmal schreckliche Schmerzen aushalten musste, kann sich in die Lage dessen versetzen, der Schmerzen leidet, selbst wenn die eigenen Schmerzen ganz anderer Art waren. Das gilt ebenso für Angst, für Müdigkeit, für Erwartung, für Glück. Menschliche Grunderfahrungen lassen sich einsetzen, um andere zu verstehen. Das bedeutet, dass man andere desto besser verstehen kann, je intensiver und umfassender man eigene Erfahrungen durchlebt. Wer sich nicht damit auseinander setzt, was er erlebt, wer sich in einem Gleichmaß des Täglichen versteckt, wer sich vor dem scheut, was ihn erschüttern könnte, der wird andere kaum verstehen können. Er wird auch wenig lebensnah predigen können.

3.2 Ehrlich leben hilft, mit Rollenerwartungen umzugehen

Predigen kann, wer *ehrlich* in der Wirklichkeit lebt. Wer eine Predigt hält, wird von seinen Hörerinnen und Hörern mit Vorstellungen und Erwartungen bedacht. Es gibt so etwas wie eine „Rolle", die Prediger und Predigerinnen ausfüllen sollen. Dazu gehört, dass man erwartet, dass sie das Wort, das sie predigen, auch selbst leben. Was aber heißt das? Muss man selbst fehlerlos sein, um andere auf ihre Fehler hinweisen zu können? Muss man frei von allen Zweifeln sein, um anderen aus ihren Zweifeln helfen zu können? Darf jemand, der predigt, keine Probleme mehr haben? Es kann geschehen, dass sich eine Predigerin oder ein Prediger in eine Rolle gedrängt fühlt, die es nicht erlaubt, unvollkommen zu sein. Er glaubt, er würde seine Hörerinnen und Hörer enttäuschen, wenn sich Schwächen zeigen sollten. Die Folge ist, dass er Schwächen nicht zugeben kann, auch vor sich selbst nicht. Sie glaubt, sie würde ihrem Dienst nicht gerecht, wenn sie nicht besser ist als andere. Sie will nicht wahrhaben, dass sie Fehler macht. Die unvollkommene Wirklichkeit des Lebens wird verdrängt zugunsten eines idealen Bildes. Das ist anstrengend, unfroh, auch unevangelisch. Das Leben wird unehrlich.

3.3 Verdrängen schadet der Predigt

Was wir nicht wahrhaben wollen und verdrängen, das ist damit nicht aus der Welt. Es wird zum verborgenen Unruheherd, der auch die Predigt stört. Was nicht ehrlich angegangen und aufgearbeitet wird, meldet sich in verkleideter Gestalt als Unruhestifter. Ein Zweifel zum Beispiel, den man sich selbst einfach verbietet, verschwindet nicht. Er ist eine unruhige, störende Macht in der Tiefe. Es kostet ständig Kraft, ihn niederzuhalten. Er wird bekämpft durch übergroße Sicherheit, die auf andere abstoßend wirkt. Wenn zum Beispiel ein Prediger mit schonungsloser Härte die Zweifel anderer bekämpft, dann kann das ein Zeichen dafür sein, dass er mit seinen eigenen, verdrängten Zweifeln nicht fertig wird. Manche fanatische oder aggressive Predigt hat ihre Ursache darin, dass der Prediger nicht ehrlich vor sich selbst ist, sondern seine Schwächen verdrängt. Oder wenn eine Predigerin in der Predigt moralisiert und richtet, kann das aus verdrängter Angst resultieren, sich den eigenen Fehlern zu stellen (vgl. W. Schütz, Probleme der Predigt, Göttingen 1981, S. 63).

3.4 Wer von Gottes Gnade weiß, kann ehrlich sein

Eine Predigerin oder ein Prediger des Evangeliums muss ehrlich sein. Er wird Belastungen seiner Ehe nicht mit frommen Worten zudecken. Sie wird Schwierigkeiten mit ihren Kindern nicht verdrängen, sondern nüchtern sehen und angehen. Er wird seine Zweifel wahrnehmen, sich seine Fragen nicht verbieten. Sie wird ehrlich genug sein zu erkennen, wo sie Fehler gemacht hat und wo ihre Grenzen sind. Wer von Gottes annehmender Liebe weiß, kann sich selbst so sehen, wie Gott ihn oder sie sieht, mit allen Schwächen, und braucht dennoch nicht zu verzweifeln. Gerade das heißt es doch, das Evangelium auszuleben. So wird eine Verkündigerin oder ein Verkündiger zu einem klaren Spiegel für das Evangelium.

Merke: Predigen kann, wer seine Erfahrungen nicht verdrängt, sondern ehrlich durchlebt.

3.5 Ehrliche Predigt kommt an

Wir wollen uns hüten vor frommen Sprüchen. Wer verkündigt, braucht ein Gespür für jegliche Form der leeren Formel. Wie sollen wir bei der Predigtarbeit merken, ob wir nur hohle Worte bringen, wenn wir in unserem Leben vor uns selbst nicht ehrlich sind?

Wenn es eine Predigerin oder ein Prediger vielleicht selbst nicht merkt, die Hörerinnen und Hörer aber merken es, ob jemand formelhaft predigt. Kanzelpathos kann ihn leicht verraten. Oder sie redet mit Eifer und Nachdruck, aber alles bleibt lebensfern und unanschaulich. Die Entfernung zwischen dem Wort Gottes und dem Leben der Predigerin oder des Predigers wird in der Predigt hörbar. Ebenso merken die Zuhörenden, ob ein Verkündiger das, was er sagt, mit seinem eigenen Leben füllen kann, ob eine Verkündigerin hinter dem steht, was sie sagt. Nicht, dass man dazu von sich selbst erzählen müsste. Das sollte in der Predigt nur sehr zurückhaltend geschehen. Aber das Gesagte überzeugt, wenn jemand als Zeuge oder Zeugin auftritt, also mit der ganzen Person für die Botschaft einsteht.

Merke: Die Zuhörenden merken, ob die Predigerin oder der Prediger weltfremd ist oder in der Gegenwart steht, ob er oder sie ehrlich mit sich selbst ist oder die persönliche Wirklichkeit verdrängt.

Überlege: Was könntest du tun, um deine Mitmenschen besser verstehen zu lernen? Welche Erfahrung ist dir bisher fremd geblieben? Warum?

Teil C: Meditation

1. Was soll dieser Abschnitt erreichen?

Schon bei der Arbeit am Text entdeckten wir immer wieder Verbindungen zur Gegenwart. Wir mühten uns darum zu erkennen, was der Text *damals* zu sagen hatte. Dabei erfuhren wir schon etwas von der Kraft des Textes, in *unsere* Situation hinein zu sprechen. Wir fanden uns im Text wieder. Darum soll es nun gehen. Wir haben erforscht, *was dasteht* (Exegese). Jetzt fragen wir, *was es uns angeht* (Meditation).

Beide Fragen sind nicht getrennt voneinander abzuhandeln. Es sind nicht zwei Schritte, die man nacheinander macht. Sie wechseln ab, sie regen einander an und durchdringen einander. So ist es nicht: Zuerst schalten wir unsere Gegenwart aus, vergessen, wer wir sind und wo wir leben, und beschäftigen uns nur mit dem Text. Und dann verlassen wir die damalige Situation und „wenden" den Text für uns heute „an". Welche Anstöße hätten wir, den Text zu studieren, wenn wir die Gegenwart vergäßen? Wir studieren doch, weil wir etwas vom Text für *uns heute* hören wollen! Wir lesen die Bibel ja nicht als Literaturhistoriker, sondern als Glaubende. Und wir erwarten auch mehr aus dem Text als eine Anregung unserer eigenen Gedanken. Wir wollen nicht nur erinnert werden an allgemeine Wahrheiten, die wir längst wissen. Wir wollen nicht den Text hinter uns lassen und allgemeine Bedeutsamkeiten suchen, sondern der Text soll als Gottes Stimme zu uns heute reden. Die beiden Fragen, „Was steht da?", „Was geht es uns an?", sind so miteinander verschlungen, dass in der Predigtvorbereitung keine Trennung möglich ist. Lediglich zum Lernen behandeln wir beide Fragen nacheinander, um sie deutlich zu machen.

Merke: Die Fragen nach dem Verständnis des Textes und nach der Botschaft für uns heute sind untrennbar und regen sich gegenseitig an.

Was geht es uns an? Wenn wir die Antwort vernommen haben, ist der Durchbruch geschafft. Es geht dem, der am Text arbeitet, „um im Bilde zu reden, wie dem, der schwimmen lernen wollte und meinte, sich durch seine eigenen Bewegungen über Wasser halten zu müssen. Aber schwimmen konnte er erst, als er die Tragkraft des Wassers entdeckt hatte und sich auf diese verließ. Ohne Bild geredet heißt das, dass jetzt nicht mehr der Prediger den Text zum Reden bringen muss, sondern dass er sich von dem Zeugnis des Textes tragen lassen darf" (H. Diem, Der Theologe zwischen Text und Predigt, in: Evangelische Theologie 7, 1958, S. 295f.).

2. Wir können Gottes aktuelles Wort nicht „machen"

Wenn uns der Text etwas angeht, dann bedeutet das, dass er uns lebendig angeredet hat. Hier kommen wir an den Kern der Predigt. Gott redet sein neues, aktuelles Wort zu uns. Wie geschieht das?

Man kann es nicht „machen". Hier müssen wir aufpassen! Sonst geschieht folgendes: Wir haben das gute Wollen, den Text zu uns reden zu lassen. Sollten wir da nicht versuchen, im Text immer wieder Gedanken zu finden, die in unsere Gegenwart sprechen? Was trifft für uns zu? Welche allgemeine Regel ist hier enthalten? Was lehrt uns der Text? Also, wir als Leser des Wortes selbst wenden den Text auf unsere Gegenwart an. *Wir selbst* suchen! Wir quetschen den Text aus, damit er uns seine Anwendungen liefert. Was finden wir? Wir finden im Text die Anklagen, Ermahnungen und Zusagen, die wir eigentlich längst wissen. Hat hier nun Gott geredet oder haben wir eine eigene moralische Bestandsaufname gemacht? So geht es nicht!

Gott soll reden durch den Text. Er soll uns im Herzen erreichen. Was können wir dazu tun? Wir haben es nicht in der Hand, dass Gott redet. Wir können nichts erzwingen. Jetzt nehmen nicht wir das Wort her, um Aktuelles herauszusuchen. Gott soll das Wort nehmen. Jetzt sollen wir nicht *aktiv* sein, sondern *gespannt* sein: Was wird er sagen? „Rede, Herr, denn dein Knecht hört." (1 Sam 3,10) Wir schalten auf Empfang.

Merke: Wir suchen nicht „Anwendungen", sondern Gott redet in unsere Gegenwart.

3. Wir schalten auf Empfang

3.1 Wir lauschen mit dem Herzen

Wenn wir danach fragen, was dasteht, dann nehmen wir das Wort zunächst mit unserem Denken auf. Das ist notwendig. Aber es genügt nicht. Wir brauchen nicht nur Erklärungen, wir brauchen Klarheit. Deshalb nehmen wir das Wort zu Herzen. Es erreicht uns ganz und gar. Wir lauschen auf den Klang. Wie sind diese Worte gestimmt? Kommt hier ein dunkler Ton, sind diese Worte helle Musik? Welchen Charakter, welche Farbe haben die Aussagen?

3.2 Alles wird anschaulich

Wir nehmen das Wort zu Herzen und bewegen es dort. Langsam wird aus dem unanschaulichen Wort ein lebendiges Bild. Wie sieht das aus, was hier gesagt wird? Was vorher im Nebel war, wird jetzt wie eine klare Landschaft. Im Bewegen des Wortes werden uns Bilder und Gleichnisse geschenkt. Beispiele fallen uns ein. Das Wort nimmt feste Formen an, wird sichtbar, anfassbar. Wir kommen vom Wissen zum Begreifen. Was sich uns erschlossen hat, halten wir fest.

3.3 Wir setzen unser Leben dem Text aus

Wir lassen den Text mit dem Leben zusammenklingen. Wir sind ja Personen, die mit beiden Beinen auf der Erde stehen. Beruf und Freizeit, Familie und Alleinsein, Alltag und Fest, Gesundheit und Schmerzen, Essen und Wohnen, Geld und Pläne, alles trägt Stimmen zu einem großen Akkord bei. Wie klingt der Text mit diesem Akkord zusammen? Gibt es eine Harmonie, einen fremden Ton, einen Missklang? Wir lauschen lange. Wir schlüpfen in die Haut unseres Nachbarn, in die der alten Frau, die im Gottesdienst oft vorn sitzt, des neugetauften Bruders. Mit uns nähern sich auch unsere Hörerinnen und Hörer dem Text. Alle sind wir Menschen unserer Zeit. Wie klingt es nun? Wir lassen unser ganzes Leben und das unserer Mitmenschen in den Text einsickern. Was wird aus diesem Boden aufwachsen? Wir warten. „Herr, mach uns still, und rede du!" Wir sind wie Leute, die bei Gewitter am dunklen Himmel nach dem Blitz ausschauen. Wir schauen möglichst überall zugleich hin. Wir sind ganz gespannt. Wo und wann wird der Blitz niedergehen? „Herr, meine Augen sehnen sich nach deinem Wort." (Ps 119,82)

3.4 Wir wagen viele Verknüpfungen

Wir bewegen den Text in uns. Spielerisch ergeben sich vielfältige Verknüpfungen. Wie gut, wenn wir vielseitig interessiert sind, Land und Leute kennen. Immer wieder neue Gedankenwege tauchen auf. Dabei sind wir offen für alles, was uns einfällt. Wir halten alles fest. Phantasie ist eine Gabe, die Gott nur dem Menschen geschenkt hat. Wer die Phantasie verachtet, reduziert sein Menschsein. In uns lebt ein Pharisäer, der manches nicht zulassen will, was Gott einfallen lässt. Es ist zu fremd, zu gewagt.

Wer Gottes Stimme hören will, muss Mut haben. Wie wird Gott sich vernehmen lassen? Wie fällt sein Wort als Blitzschlag ein? Der Pharisäer in uns muss umkehren und werden wie ein Kind. Wir müssen Phantasie haben wie ein Kind und Mut haben wie ein Mann.

Merke: Wir schauen nach der Botschaft des Textes aus mit ganzem Herzen, mit dem ganzen Leben, mit allem Mut und aller Phantasie.

4. Was kann uns helfen?

Die gespannte Haltung vor dem Wort ist keine Methode. Es gibt auch keine Schritte, die sicher dahin führen, Gottes Stimme im Wort zu hören. Es lassen sich aber einzelne Hilfen nennen.

4.1 Konzentration

Konzentration ist zuerst eine Sache der inneren Haltung. Wie ist unsere Haltung vor dem Text? Wir wollen, dass Gott redet. Wir bitten ihn: „Lass mich im Text deine Stimme hören!" Wir haben Hunger nach der Stimme Gottes. Wir haben Lust darauf: „Wohl dem, der Lust hat am Gesetz des Herrn..." (Ps 1,2) Wenn Gott redet, dann ist das ein Fest, Gottes Wort ist unsere Freude, sooft wir es empfangen (Jer 15,16). Deshalb wollen wir mehr davon, unbedingt!

Was kann helfen? Eine ruhige Ecke ist für viele wichtig, auch eine Zeit, wo man nicht unterbrochen wird. Wir wollen bei der Sache bleiben. Gedanken, die nicht zu unserer Mühe um den Text gehören, stören uns, sie lenken ab. Verpflichtungen fallen uns ein. Wir schreiben sie auf und wenden uns wieder dem Text zu.

4.2 Wiederholen

Ps 1,2.3 beschreibt, wie sich ein Mensch mit Gottes Wort beschäftigt: „Wohl dem, der Lust hat zum Gesetz des Herrn und sinnt über seinem Gesetz Tag und Nacht." Wörtlich steht hier: „murmelt sein Gesetz". Unermüdlich spricht er es sich vor. Er wiederholt es beständig, immer wieder. Er kaut es wie Schwarzbrot. Es ist nicht sofort verdaulich, aber schließlich nährt es wunderbar.

Die beständige Wiederholung des Textes offenbart unser Vertrauen zum Wort. Wir geben nicht auf, weil wir erwarten und hoffen, dass hier Gottes Stimme zu hören sein wird. Wir gehen die Worte immer wieder durch, langsam und sorgfältig, bis Gott durch sie zu unserem Herzen redet.

4.3 Auswendiglernen

Eine große Hilfe für den beständigen Umgang mit dem Text ist das Auswendiglernen. Was wir auswendig wissen, ist immer bei uns. Wir können bei jeder Gelegenheit daran denken. Was uns am Tage begegnet, können wir mit dem Text in Verbindung bringen. So bleibt das Nachdenken über den Text nicht auf die Zeit beschränkt, wo wir uns mit der Bibel an den Tisch setzen können.

Auswendiglernen schafft auch innere Klarheit. Unser Gedächtnis ist so eingerichtet, dass es Übersichtliches und Verstandenes viel leichter behalten kann. Wie steht es mit dem Überblick über die einzelnen Schritte des Textes? Gibt es Textabschnitte, die wir uns schwer merken können? Das sind die, die uns offenbar noch nicht klar sind.

4.4 Aufschreiben

Beim Nachsinnen über den Text öffnen sich überall Türen, manche weit, manche nur einen Spalt. Aber die Türen schließen sich auch wieder. Alles ist in Bewegung. Ein neuer Gedanke verdrängt einen vorigen. Wir vergessen, was uns da eingefallen ist. Deshalb schreiben wir alles auf. Ein schriftlich festgehaltener Satz ist wie der Fuß in der Tür. So können wir den Eingang später nutzen, den Raum dahinter erforschen.

Klarheit des Denkens ist auch immer Klarheit der Sprache. Unser Denken geschieht in Wörtern und Sätzen. Was wir aussprechen oder aufschreiben, ist so klar, dass wir es in Sätze fassen können. So zwingt das Aufschreiben dazu, nebelhafte Vorstellungen in aussagbare Klarheit zu verwandeln. Das ist der Grund, warum man beim Aufschreiben oft auch die Gedanken in Bewegung bringt. Zu versuchen, einem anderen seine Gedanken zu erklären, hat die gleiche Wirkung.

Warum sollten wir nicht auch probieren, eine Vorstellung bildhaft festzuhalten? Auch damit entreißen wir sie dem Nebel. Eine kleine Zeichnung, eine Grafik, ein Diagramm, alles kann Zusammenhänge deutlicher machen.

5. Auf den Text zu lauschen ist beständiges Gebet

Wir warten, dass Gott den Text benutzt, um zu uns zu reden. Nicht unsere eigene Aktivität macht es. Aber passiv sind wir auch nicht. Wir sind gespannt. Unsere Antennen sind auf Gott gerichtet. Wir beten:

> „Ich rufe von ganzem Herzen; erhöre mich, Herr;
> Ich will deine Gebote halten.
> Ich rufe zu dir, hilf mir;
> ich will mich an deine Mahnungen halten.
> Ich komme in der Frühe und rufe um Hilfe;
> auf dein Wort hoffe ich.
> Ich wache auf, wenn's noch Nacht ist,
> nachzusinnen über dein Wort.
> Höre meine Stimme nach deiner Gnade;
> Herr, erquicke mich nach deinem Recht."
> (Ps 119,145-149)

Das Gebet ist nicht *eine* Hilfe neben anderen, auch nicht ein sicherer Weg, dass der Text zum Herzen redet. Das Mühen um den Text ist ein *beständiges* Gebet. Unser Nachdenken oder Erklären kann nicht bewirken, dass die Menschen erkennen: „Der Herr ist Gott!" Das kann nur Gott durch seine Offenbarung selber tun. So müssen wir beten wie Elia: „Herr, Gott, lass dich heute kundwerden ... Erhöre mich, Herr, erhöre mich, damit das Volk erkennt, dass du, Herr, Gott bist und ihr Herz wieder zu dir kehrst!" Wie Elia beten wir, bis Gottes Geist als Blitz vom Himmel fällt und anzündet, was wir ihm an schwachen Worten bereitstellen können (1 Kön 18,36-39).

Merke: Predigtarbeit ist beständiges Gebet.

6. Wir geben nicht auf

Eine Predigt wird nicht gemacht, sie wird geboren. Das dauert seine Zeit. Das ist mit harter Anspannung verbunden. Da kommen Zeiten, wo wir meinen, es nicht zu schaffen. Stundenlang brüten wir über dem Text, viel Papier ist beschrieben. Und doch ist das Wort, das von *Gott* kommt, noch nicht da. Es ist, als ob man ein Auto anschiebt: eine Quälerei. Wenn doch endlich der Durchbruch käme! Wenn doch der Text selbst zu arbeiten anfinge und uns vorantrüge!
Wie gut, dass wir genügend Zeit haben! Wenn wir die Predigtarbeit zu spät anfangen, dann geraten wir unter Druck. Aber kann man Gott unter Druck setzen, sein Wort zu offenbaren?
Wir geben nicht auf! Wir streichen nichts von unserem Ziel ab. Wir begnügen uns nicht mit einer Texterklärung und einigen oft unzusammenhängenden „Anwendungen". Wie leicht passiert das! Einige Gegenwartsbezüge lassen sich im Text schon finden, besonders zu Fehlern und Schwächen. Daraus werden dann Fragen nach dem Muster: „Und wie machen wir das heute? Sind wir nicht in derselben Gefahr? Sollten wir nicht . . . ?" Vorsicht bei solchen Fragen! Fromme Selbstkritik und Selbstaufmunterung sind oft Flucht vor Gott. Als ob wir schon wüssten, was Gott jetzt im Text sagt, was wir und die Hörer brauchen! *Wir* können das erst wissen, nachdem *Gott* geredet hat.
Gott meint zuerst uns selbst. Nur über das eigene Herz gibt es einen Weg zum Herzen des Hörers. So geben wir nicht auf, bis das Herz voll ist und der Mund überzulaufen beginnt.
Wenn Gott redet, dann hört alles Beliebige und Unverbindliche auf. Im Beschäftigen mit dem Text haben wir vielleicht verschiedene Gedanken gefunden, über die es sich predigen ließe. Manches *könnte* gesagt werden. Nun aber wissen wir, was gesagt werden *muss*. Wir werden in der Predigt nicht manches und etwas sagen, sondern die Botschaft Gottes aus dem Text. Wie eine Last hat sie sich auf uns gelegt. Unsere Mitmenschen müssen das hören, selbst wenn wir sie aus dem Schlaf reißen müssten. Wenn

wir die Botschaft Gottes für die Predigt haben, werden die Leute in der Predigt nicht schlafen.

Merke: Wir suchen nicht, was wir sagen können, wir ringen um das, was wir sagen müssen, weil es unser Herz getroffen hat.

4. KAPITEL: DIE BOTSCHAFT FÜR HEUTE

Teil A: Predigt ist aktuelles Wort

Übersicht

1. Was soll dieser Abschnitt erreichen?

Die Predigt soll schriftgemäß sein, sie soll auch aktuell sein. Das bedeutet, dass sowohl der Text als auch die Situation einen Einfluss auf die Predigt haben. Was ist das für ein Einfluss?
Wie kann die Predigt aktuell sein, wenn ihr doch ein Bibelwort zugrunde liegt, das schon sehr alt ist? Die Lage der Hörer ist immer wieder anders, und doch soll die Predigt schriftgemäß sein. Wie ist das möglich? Welcher Text ist der richtige? Wir können ja nicht immer alles zugleich bringen. Was ist Gottes Botschaft heute?

Wiederhole im 2. Kapitel den Teil A, beachte besonders den 4. und 5. Abschnitt!
Wiederhole im 3. Kapitel den Teil A, besonders den 3., 4. und 7. Abschnitt!

In diesem Abschnitt wird über das Geheimnis nachgedacht, wie Gott heute ein lebendiges, aktuelles Wort schenkt. Nur wenn das geschieht, haben wir eine Botschaft und können predigen. Dabei stoßen wir an die Grenzen des von Menschen Machbaren.

2. Unsere Situation wird durch die Schrift beurteilt

Die gegenwärtige Lage wird vom Licht der Schrift getroffen. Sie verändert dabei ihr Aussehen. Die Bibel beurteilt unsere Situation. Im Licht des Textes mögen scheinbar hoffnungslose Situationen gar nicht so hoffnungslos sein. Denn durch die Schrift kann uns Gott erkennen lassen, dass er Auswege weiß und Hilfe geschaffen hat, wo menschlich gesehen nichts mehr zu machen war. Zum Beispiel können die Texte vom Verlorenen Sohn (Lk 15,11-24) oder von der Samariterin (Joh 4) zeigen, dass persönliche Schuld nicht das Ende bedeutet, sondern dass Gott in seiner Liebe Rettung bereithält. Situationen, die uns stark beschäftigen, können im Lichte der Schrift an Bedeutung verlieren. Ein Umstand, den wir wenig beachteten, kann plötzlich unsere volle Aufmerksamkeit gewinnen. Zum Beispiel kann der Text vom reichen Kornbauern (Lk 12,13-21) oder Jesu Predigt über die Vögel und Lilien (Mt 6,25-34) so ein Umdenken auslösen.

Wie geschieht das, dass der Text unsere Situation neu beleuchtet? In der Schrift wird von Menschen berichtet, die in mit unserer Lage vergleichbaren Situationen waren. Aus dem Zeugnis ihrer Erfahrungen kann uns Gott heute als unser Herr begegnen, so dass wir ihn kennen lernen. Wie es ihnen ging, kann uns dafür die Augen öffnen, wo wir stehen und wie es uns ergehen wird, wenn Gott es so will. Die Schrift enthält also Analogien zu unserer Situation, durch die Gott es uns ermöglicht, unsere Lage besser und in neuem Licht einzuschätzen. Erst so erkennen wir die Situation, die in der Predigt angesprochen werden muss.

Merke: Im Licht der biblischen Analogien wird die wahre Predigtsituation deutlich.

3. Die Schrift wird durch die Situation beleuchtet

Es geschieht aber auch das Umgekehrte. Durch unsere Situation rückt Gott das Wort der Bibel in ein neues Licht. So kommt es vor, dass ein Text, der uns nie angesprochen hat, plötzlich große Bedeutung gewinnt. Wie ist das möglich? Dieser Text wurde vom

Verfasser in einer Situation geschrieben, die unserer ähnlich ist. Oder er beschreibt eine Lage, die mit unserer gegenwärtigen vergleichbar ist. Und die Ähnlichkeit der Situation damals und heute benutzt Gott, das Wort lebendig zu machen. Was so lange unbeachtet blieb, ist jetzt „dran". Oder ein längst bekannter und schon früher wichtiger Text wird nun von einer ganz neuen Seite gesehen. Ein Aspekt tut sich auf, der noch nie wahrgenommen wurde. Hier hat Gott durch die Situation bisher unerschlossene Bereiche des Textes eröffnet.

Merke: Im Licht der Situation wird der Predigttext erkannt und neu verstanden.

Erinnere dich an eine Gelegenheit in deinem Leben, wo dich ein Bibelwort besonders lebendig ansprach! Überlege, ob es deine damalige Lage war, durch die dir der Text wichtig wurde.

4. Predigtvorbereitung ist ein dauerndes Aufeinanderwirken von Text und Situation

Wenn der Text die Situation neu beleuchtet und wenn andererseits die Situation den Text in ein neues Licht rückt, dann bedeutet das, dass sich Text und Situation gegenseitig beeinflussen. Es entsteht so etwas wie eine Kreisbewegung: Ein Text wird erforscht und seine Aussage beleuchtet die gegenwärtige Lage in neuer Weise. Diese neue Sicht der Lage wiederum lässt neue Seiten des Textes entdecken. Wieder wird die Situation in neues Licht gerückt, was erneut das Textverständnis verändert. So geht es immer weiter.
Es gibt zwei Möglichkeiten, in diese Kreisbewegung hineinzukommen. Entweder man beginnt mit dem Studium eines Textes und beachtet, was er für die heutige Situation zu sagen hat. Oder man geht aus von einer Analyse der Situation und überlegt, wo in der Bibel analoge Situationen vorkommen. Wie man auch beginnt, immer ist es ein Miteinander und Ineinander von Text und Situation. Diese Kreisbewegung immer wieder zu vollziehen, das ist die wesentlichste Vorbereitung einer Predigt.

5. Die Predigtbotschaft wird von Gott geschenkt

Wenn in dieser Kreisbewegung zwischen Text und Situation der Mensch auch voll gefordert ist, so soll doch mehr geschehen, als menschlich erreichbar ist. Nicht die Predigerin oder der Prediger spekuliert über vergleichbare Texte. Gott selbst ist es, der uns auf diese Analogien in seinem Wort aufmerksam macht. Nicht wir als Menschen suchen den nach unserer Meinung auf die Situation passenden Text heraus. Gott selbst ist es, der unsere Lage benutzt, um uns tiefer in das Wort der Bibel hineinzuführen.

Das Ziel ist, dass aus dem Text ein Wort zur Lage lebendig wird, das Gottes aktuelles Wort ist. Eine Klarheit über die Situation soll gewonnen werden, die von Gott kommt. Dieses aktuelle, lebendige, klare Wort von Gott wird die *Predigtbotschaft* sein. Sie ist nicht von Menschen produzierbar. Die Predigtbotschaft ist ein Wunder, eine Wirkung des Geistes Gottes mitten in unserer Zeit. Sie ist ein Geschenk, das unter Arbeit und Gebet errungen wird.

Merke: Die Predigtbotschaft erwächst aus dem Aufeinanderwirken von Text und Situation. Sie ist ein Geschenk, ein aktuelles Wort von Gott.

6. Gottes Wort ist ein Ereignis

Stellen wir uns vor, dass die Lage nicht durch den Text der Bibel in ein neues Licht gerückt wurde. Und stellen wir uns vor, dass der Text nicht durch die Situation neu gesehen wurde. Was würde dann aus der Predigt? Zu einer menschlichen und meist allen bekannten Situationsanalyse würde ein Bibeltext in bekannter Auslegung geboten. Wird das nicht langweilig sein? Vielleicht versteht es die Predigerin oder der Prediger, die Situation treffender als andere zu charakterisieren. Vielleicht gelingen auch interessante Verknüpfungen mit dem Text. Sie oder er mag auch in der Lage sein, etwas bisher Unbekanntes aus der Bibel oder aus der biblischen Welt zu sagen. Aber alles, was in einer solchen Predigt nicht langweilig ist, ist doch nur menschlich. Sollte uns das genügen? Sollen wir uns als Hörende oder als Verkündigende damit zufrieden geben? Nein! Wir brauchen Gottes lebendiges, aktuelles, klares Wort als Predigtbotschaft. Wenn Gott uns nicht damit beschenkt, wie sollten wir da predigen? Predigt ist ein Ereignis. Das Wunder der Offenbarung Gottes soll geschehen.

Merke: Wo die Predigtbotschaft von Menschen kommt, ist die Predigt langweilig. Wo sie Gottes neues Wort ist, wird sie zum Ereignis.

Teil B: Predigen kann, wen Gottes Wort getroffen hat

1. Was soll dieser Abschnitt erreichen?

Die Predigt ist Gottes aktuelles Wort. Wenn Gott durch den Bibeltext in die heutige Situation hinein spricht, dann ist die Predigt geboren.

Wo aber geschieht es, dass Text und Situation zusammentreffen? Welches Gefäß nimmt die beiden Komponenten auf, aus denen dann nach entsprechender Reaktion miteinander die Predigt wird? Dieses Gefäß ist die Predigerin oder der Prediger selbst. Der Wurzelboden, aus dem Predigten wachsen, sind Menschen, die mit beiden Beinen in der Wirklichkeit stehen. Sie kennen die Situation, weil sie selbst darin leben und an der Lage der Mitmenschen Anteil nehmen. Sie leben aber auch mit ganzem Herzen in der Schrift. Sie kennen und studieren die Bibel, sie lieben sie.

Wiederhole den Teil B des 2. und 3. Kapitels!

Was bedeutet es für den Prediger, dass er das Gefäß ist, in dem die aktuelle Botschaft der Predigt zum ersten Mal erscheint? Welche Konsequenzen hat es für eine Predigerin, dass in ihr die Predigtbotschaft geboren wird? Darum geht es in diesem Abschnitt.

2. Wer predigt, ist von der eigenen Predigt zuerst betroffen

Wer eine Predigt hält, verkündigt zwar nicht das eigene, sondern Gottes Wort. Dennoch ist die ganze Person beteiligt. Eine Predigerin oder ein Prediger ist nicht bloßes Sprachrohr Gottes, durch das die Botschaft zwar hindurchtönt, das aber selbst keinen Beitrag leistet. Wer predigt, gibt auch etwas von sich selbst. Man kann nicht mechanisch und den Regeln entsprechend die Predigt zusammenbauen und vortragen, sich selbst aber heraushalten. So wird Gottes Wort gar nicht erst hörbar. Das bliebe ein totes Wort, wäre kein lebendiges Zeugnis.

An den Verkündigern, von denen uns in der Bibel berichtet wird, zeigt sich sehr deutlich, wie sie mit ihrem ganzen Leben und ihrer ganzen Person mit ihrer Botschaft verbunden waren. Hesekiel hatte den Auftrag, seinen Zeitgenossen Gottes Gericht anzusagen, weil sie Gott untreu geworden waren. Jerusalem wird zerstört werden. Die Menschen werden leiden und ihre Heimat verlassen müssen. Großer Jammer wird über das Volk kommen. Das musste er verkündigen. Was erlebte er mit dieser Botschaft? Er konnte nicht unbeteiligt seinen Vers aufsagen. In doppelter Weise war er ein Betroffener. Wenn ihm gezeigt wurde, in welche Gottesferne das Volk geraten war, dann litt er mit Gott unter dem Unrecht des Volkes. Da stand er auf der Seite Gottes, und das Herz tat ihm weh (vgl. Hes 8). Aber er stand zugleich auch auf der Seite des Volkes. Ihn traf der angekündigte Jammer zuerst. Nicht nur, dass er als Mitglied seines Volkes nicht gleichgültig bleiben konnte, wenn Unheil über seine Volksgenossen kam (Hes 9,8; 11,13). Er erlebte das Elend, bevor die anderen etwas davon merkten: Seine Frau wurde mitten aus dem Leben hinweggerissen. Und als ein lebendiges Zeichen für das kommende Elend, wo durch die große Zahl der Toten und die Grausamkeit der Feinde keine Gelegenheit für eine ordentliche Totenklage sein würde, durfte sich Hesekiel nicht einmal seiner Trauer hingeben (Hes 24,15-27). Der Bote Gottes wurde mit seiner ganzen Person zur Botschaft. So ging es allen Propheten, die Gottes Gericht ausrufen mussten. Jeremia ist diese

Last so groß geworden, dass er glaubte, es nicht mehr ertragen zu können (Jer 15,17.18; 17,15.16; 20,7-9.14-18).

Ebenso ist der Verkündiger oder die Verkündigerin *zuerst* von der Botschaft betroffen, wenn Gott ihm oder ihr eine gute Nachricht aufgetragen hat. Auch dafür ist Jeremia Beispiel. Als Gott ihm den Auftrag gab, in hoffnungsloser Situation Gottes große Zukunft anzusagen, war er der erste, der daraus die Konsequenzen zog und ein Stück Land kaufte (Jer 32,6-15). Dieser Acker war die Existenzgrundlage in der noch zu erwartenden Zukunft.

Im Neuen Testament ist es nicht anders. Auch da haben die Jesusboten als Betroffene gesprochen. Was sie selbst geglaubt und erkannt hatten, das verkündigten sie. Und mit ihrem ganzen Leben standen sie für das Evangelium ein. Sie waren Zeugen.

Wer heute predigen will, ist zu gleichem Einsatz gerufen. Er oder sie muss sich zuerst selbst von der Predigtbotschaft treffen lassen. Der Prediger ist der erste Hörer seiner Predigt. In ihm wächst und bricht das neue Gotteswort hervor. Die Predigerin vernimmt die Botschaft Gottes zuerst. Sie geht es zuerst etwas an. Was die Predigerin anderen sagt, ist zuvor ein Stück von ihr selbst geworden. Sie hat es mit ihrem Leben unlösbar verschmolzen. Sie kann sich daraus nicht mehr zurückziehen. Der Prediger redet nicht, wenn es dran ist, um sich dann anderen Dingen zuzuwenden. Das könnte ein Redner, der die entsprechenden Wendungen beherrscht, um die Leute auf dem Friedhof anzusprechen, sie in einer Traueransprache seelisch zu bewegen. Und wenn er das einige Male gemacht hat, geht er abends nach Hause und ist völlig unbetroffen von allem Leid, zu dem er am Tag gesprochen hat. Verkündiger und Verkündigerinnen des Wortes Gottes können nicht so einem Redner gleichen, sie können nicht Feierabend machen von ihrer Botschaft.

Merke: Der Prediger oder die Predigerin hört die eigene Predigtbotschaft für sich selbst zuerst.

3. Ohne persönliche Betroffenheit gibt es keine Vollmacht

Wenn Gottes Wort gesagt wird, dann ist die Predigt kein kraftloses Gerede. Aber was macht das Wort einer Predigerin oder eines Predigers kraftvoll? Es ist die persönliche Betroffenheit. Niemand kann *Gottes* Botschaft vernehmen, ohne selbst betroffen zu sein. Wer das Wort aber zu sich selbst reden lässt, wird auch die Hörerinnen und Hörer damit erreichen.

Das bedeutet, dass eine Predigt keine Vollmacht haben kann, wenn die Predigerin oder der Prediger nicht für sich selbst predigt. Wenn ein Prediger nur den Hörerinnen und Hörern predigt und ihnen sagen will, was er für notwendig hält, dann wird die Predigt kraftlos sein. Vielleicht meint er, einen Missstand in seiner Gemeinde rügen zu müssen. Denn besonders dann, wenn es um eine Gerichtsbotschaft oder eine Kritik geht, besteht die Gefahr, dass sich der Prediger nicht betroffen meint. Ihn gehe das Wort der Zurechtweisung nichts an, aber die anderen müssen es hören, meint er. Welche Wirkung wird solche Predigt haben? Die Einstellung des Sprechenden, die Botschaft Gottes nur an die anderen gerichtet sein zu lassen, überträgt sich in der Predigt auf die Hörenden. Auch sie werden nun denken: „Ja, das muss einmal gesagt werden. Da hat er recht. Hoffentlich passt Bruder X gut auf. Schade das Schwester Y heute nicht da ist. Sie müsste das auch einmal hören." Am Ende fühlt sich niemand betroffen.

Manche Polemik gegen die „glaubenslose Gesellschaft" und die „moderne Gottesferne" entspringt dem gleichen Geist. Wenn eine Predigerin über die „gottlose Welt" spricht, wird das wenig ändern. Wie leicht ist es doch, über „gottferne" Menschen zu urteilen, die gar nicht anwesend sind. Jeden, der es hört, überkommt das gute Gefühl, doch viel besser zu sein als die anderen Leute (Lk 18,11). Damit ist Gottes Wort, das doch unsere Herzen ansprechen will, erfolgreich abgeblockt. Die Predigt bleibt wirkungslos. Begonnen hat dieser Widerstand gegen Gottes Wort im Prediger oder in der Predigerin selbst, weil auch sie das Wort nicht für sich selbst angenommen haben.

Wir müssen noch einen Schritt weiter gehen. Eine Predigt, die nicht aus der persönlichen Betroffenheit kommt, ist nicht nur kraftlos zum Guten, sie ist schädlich. In Apg 19,13-17 wird erzählt, wie einige im Namen Jesu auftreten wollten, ohne selbst von Jesu Macht ergriffen zu sein. Anderen wollten sie vollmächtige Worte sagen, hatten aber für sich selbst Gottes Botschaft noch nicht vernommen. Was geschah? Als sie versuchten, „im Namen des Jesus, den Paulus verkündigt", einen von Dämonen Besessenen zu befreien, wurden sie von den Dämonen gefragt: Wer seid *ihr?* Und der Besessene schlug sie alle zusammen. Wer verkündigt, ohne Gottes Wort für sich selbst vernommen zu haben, riskiert, „niedergeschlagen" zu werden.

Wenn wir einen Missstand aufdecken und korrigieren wollen, dann müssen wir uns als Verkündigende in die Schusslinie des Wortes stellen. Wir werden bald merken, dass es uns auch trifft. Wir tun vielleicht nicht genau dasselbe, aber wir sind nicht immun gegen die angesprochene Schuld. Wir haben in uns auch eine Neigung, in diese falsche Richtung zu gehen. Ein Stück weit sind wir auch schon verkehrt gelaufen. Wir sind nicht besser. So halten wir uns die Predigt auch selbst. Und wenn wir Gottes Liebe weitergeben wollen, dann muss diese Liebe auch uns das Herz erwärmt haben. Gottes Gericht über die Sünde und sein Angebot des Heils gilt uns, die wir die Predigt halten. Wir haben seine Stimme für uns persönlich vernommen. Nun halten wir die Predigt für uns selbst. Und da geschieht es, dass sich die Zuhörerinnen und Zuhörer angesprochen fühlen. Sie entdecken, dass die Botschaft Gottes ihnen auch gilt. Das Wort hat Vollmacht.

Merke: Wenn der Prediger oder die Predigerin die Botschaft sich selbst gesagt sein lässt, werden sich auch die Hörenden davon ansprechen lassen.

4. Bevor Gott nicht geredet hat, können wir nicht predigen

Die Predigt ist Gottes aktuelles Wort. Wer es nicht vernommen hat, kann nicht predigen. Aber man kann doch Gottes Botschaft nicht herbeizwingen! Müssen wir da zufrieden sein, nur Richtiges,

Historisches oder Dogmatisches sagen zu können? Nein, wir können damit nicht zufrieden sein.

Zur Zeit Jeremias trat auch der Prophet Hananja auf. Er war ein frommer Mann. Seine Bibel kannte er auch. So hatte er im Buch Jesaja gelesen, dass Gott damals Jerusalem vor dem Untergang bewahrt hatte. Die Feinde sind damals nicht dazu gekommen, die Stadt zu erobern (Jes 37,33). Und er glaubte, Gottes Wort zu verkündigen, wenn er den Leuten eine ähnliche wunderbare Bewahrung verhieß. Er hatte zwar die Heilige Schrift, aber er hatte kein aktuelles Wort Gottes. Bevor er gehört hatte, redete er schon. So führte er viele in die Irre und geriet selbst unter Gottes Gericht, das Jeremia ihm ankündigen muss (Jer 28).

Bevor Gott nicht zu meinem Herzen gesprochen hat, kann ich nicht predigen. Was soll ich aber tun, wenn der Predigttermin näher kommt, das Wort aber noch nicht zu mir gesprochen hat? Dabei habe ich doch rechtzeitig angefangen zu arbeiten. Ich kann doch Gottes Wort nicht erzwingen. Das ist eine sehr bedrängende Situation. Bis zum letzten Augenblick werde ich mich mühen, die Botschaft Gottes zu vernehmen. Ich frage mich: Was kann ich wirklich bezeugen? Wofür schlägt mein Herz? Ich habe mir eine so umfassende Klarheit gewünscht. Und bisher ist es so wenig, was ich gefunden habe. Ja, im Kopf habe ich vieles, der Verstand weiß viele Richtigkeiten. Aber das könnte ich nicht bezeugen, sondern nur schulmeistern. Das hat mich selbst noch nicht vom Stuhl gehoben. Wie sollte es da andere hochreißen? Welche Aussage des Textes ist für mein Leben bedeutsam? Was ist mir wirklich neu? Was hat mich aufgerüttelt oder zum Staunen gebracht oder froh gemacht? Und wenn es nur ganz wenig wäre, etwas Unfertiges, das viele Fragen offen lässt – ich will lieber nur wenig sagen, was mein Herz bewegt hat, als viel Richtiges, was nur aus dem theoretischen Denken kommt. „Ein lebender Hund ist besser als ein toter Löwe." (Pred 9,4) Viel Bescheidenheit und Ehrlichkeit mit mir selbst sind dazu nötig.

Bevor Gott nicht zu uns selbst geredet hat, wollen wir uns nicht vor andere stellen. Es wäre uns und den Zuhörenden zum Schaden. So bleibt uns nur das Warten und Beten. Wie sehr sind wir angewiesen auf Gott! Ohne ihn können wir nichts tun. Ohne seine Verheißung müssten wir aufgeben. Aber Gott hat versprochen, sein Wort wirken zu lassen. Er hat seinen Geist ausgegossen. So warten und ringen wir, bis das Wort Gottes uns getroffen hat.

Merke: Wir ringen und beten, bis wir bezeugen können, was Gott zu uns geredet hat.

Erinnere dich an eine Gelegenheit in deinem Leben, wo dich ein Bibelwort so getroffen hat, dass du wusstest: Hier redet Gott mit mir. Nimm diese Erfahrung als Maßstab für dein Ringen um die Botschaft des Textes für die Predigt.

Teil C: Predigtbotschaft und Gliederung

1. Was soll dieser Abschnitt erreichen?

Gottes Wort ist Speise für den Glauben. So könnte man die Predigt mit einem Menü vergleichen. Beim Studium des Textes haben wir die Zutaten gesammelt. Nun überlegen wir genau, was auf den Tisch kommen soll, und bereiten die einzelnen Gänge zu. Alles soll mundgerecht sein. Die Mahlzeit soll Spaß machen. Wem würde eine Speise gefallen, wo einfach alle Zutaten zu einem Brei zusammengerührt wurden? Wer liebt Salzkartoffeln mit Eiskrem oder Braten mit Erdbeersaft? Für die Predigt heißt das, wir müssen wissen, was wir sagen wollen, und brauchen eine klare Gliederung. Dieser Abschnitt wird dazu helfen.

2. Wir finden die Predigtbotschaft

2.1 Wir brauchen eine Predigtbotschaft

Der Text hat zu uns geredet. Eine Aussage ist auf uns zugekommen, die uns bewegt hat und uns zur Predigt hinbewegen will. Wir haben eine Predigtbotschaft. Nun wollen wir versuchen, die Predigtbotschaft in einen Satz zu fassen. Was klar ist, kann auch mit klaren Worten ausgesagt werden.

Wozu dieser Satz? Er dient uns als Orientierung. Wir wollen nicht ein buntes Allerlei bringen. Die Zuhörenden sollen nicht durch Nebengedanken abgelenkt oder durch Gedankensprünge verwirrt werden. Wenn die Predigt ein Weg ist, dann ist dieser Satz der Zielpunkt, den wir auf diesem Weg ansteuern und am Ende erreichen wollen. Die in einem Satz formulierte Predigtbotschaft bewahrt uns davor, vom Weg abzukommen oder einen Zickzack-Kurs zu steuern.

Die gut formulierte Predigtbotschaft kann auch den Hörerinnen und Hörern gesagt werden. Wird die Botschaft am Anfang der Predigt genannt, so sind sie nicht hilflos dem, was folgt, ausgeliefert. Sie können sich auf das Kommende einstellen. Die Predigt wird kontrollierbar, denn sie werden ja nun feststellen, ob wir das uns gestellte Ziel erreichen oder nicht. Sie danken es durch Aufmerksamkeit.

Auch gegen Ende der Predigt kann die in einen Satz gefasste Predigtbotschaft ausgesprochen und sogar wiederholt werden. So kann sie für die Hörerinnen und Hörer als Gedächtnishilfe dienen. Diesen Satz nehmen sie mit nach Hause. Er hilft ihnen, sich an die Predigt zu erinnern.

2.2 Wir sichten das Material

Wie gehen wir vor? Zunächst machen wir eine Bestandsaufnahme. Wir haben bisher schon viele Blätter beschrieben. Vieles ist uns eingefallen. Wir gehen jetzt das gesammelte Material Abschnitt für Abschnitt durch und fragen uns: Gehört das zu meiner Predigtbotschaft? Bringt es einen Gesichtspunkt, eine Voraussetzung, eine Folge? Viele Gedanken werden einen Bezug zur Predigtbotschaft haben, denn die Botschaft ist ja *aus dem Text* erwachsen, den wir bearbeitet haben und aus dem wir die Gedanken zusammengetragen haben. Vielleicht entdecken wir den Zusammenhang zur Predigtbotschaft erst jetzt, wo wir direkt danach suchen. Wir gehen auch den Text noch einmal durch und suchen, ob darin nicht noch Bezüge zur Predigtbotschaft sind, die wir bisher übersehen haben. Einiges aber, was wir aufgeschrieben haben, wird nicht zur Predigtbotschaft gehören. Wir lassen es weg. Es ist sicher nichts Verkehrtes, aber man müsste eine andere Predigt zu dem Text halten, um es zu bringen. Der Text ist reicher, als dass man ihn in einer Predigt „ausschöpfen" könnte. So markieren wir auf unseren Zetteln das, was zur Predigtbotschaft gehört und für diese Predigt gebraucht wird. Wir wählen aus.

2.3 Wir formulieren die Predigtbotschaft

Nun formulieren wir das, was in der Predigt gesagt werden soll, in einem Satz. Dabei beachten wir:

• Umfassend

Es sollte alles, was dazugehört, enthalten sein. Dieser Satz ist wie das Konzentrat unserer Predigt: Mit ihm ist eigentlich alles gesagt. Natürlich könnte man ein solches Konzentrat nicht schlucken. Die Aufgabe wird dann sein, die Predigtbotschaft so zu entfalten, dass sie jeder versteht.

• Nicht mehrere Gedanken

Dieser Satz soll wirklich nur *eine* Aussage enthalten. Wenn wir vielerlei in der Predigt bringen, dann ist das, als würden wir mit der breiten und stumpfen Seite des Beils Holz hacken wollen: Wir treffen zwar mehr vom Holz, aber wir dringen nicht ein und erreichen nichts. Gottes Wort ist wie ein scharfes Schwert, es dringt durch. Wir müssen nicht alles, was richtig ist, sagen, sondern das, was jetzt Gottes gegenwärtige Wahrheit ist. Wer predigt muss den Mut haben zur Einseitigkeit. Deshalb kontrollieren wir noch einmal: Konzentriert sich die Predigtbotschaft auf *einen* Gedanken, oder sind mehrere Aussagen enthalten?

• Keine Aufforderung

In der Predigtbotschaft muss sich zeigen, dass wir Prediger des Evangeliums sind.

Wiederhole im 1. Kapitel, Teil A, den 4. und 5. Abschnitt!

Wesen des Evangeliums ist es, dass Gott mit seinen großen Taten zu unserem Heil *zuerst* kommt. Nicht wir müssen den Anfang machen mit unserem guten Bemühen. Gott hat den Anfang gemacht. Gottes Taten zu unserem Heil werden in der Predigt ausgerufen. Erst dann folgt die Aufforderung zur Antwort auf Gottes Initiative. Kern der Predigt ist also nicht eine Aufforderung, sondern eine *Aussage*. Wie steht es da mit unserer Predigtbotschaft? Ist sie eine Aufforderung? Ist sie vielleicht als Aussage formuliert und stellt doch eine indirekte Aufforderung dar? Wie nimmt sie die Hörerin oder der Hörer auf?

Ein Beispiel: „Wer im Glauben betet, wird von Gott erhört." Wie kommt das an? Viele werden in diesem Satz eine Aufforderung zu größerem Glauben finden, damit Gott die Gebete erhören kann. Genügte das als Botschaft des Evangeliums? Dieser Satz kann aber auch ganz anders verstanden werden, nämlich als Verheißung: Gott erklärt seine Bereitschaft, Gebete zu erhören. Damit das richtig deutlich wird, wäre eine andere Formulierung besser. Vielleicht so: „Wir können uns darauf verlassen, dass Gott uns erhört."

Im Kern soll unsere Predigtbotschaft eine Aussage sein, wenn sie auch nach Konsequenzen im Leben der Hörerin oder des Hörers ruft. Hier formulieren wir sehr sorgfältig. Wenn wir bisher nur die Aufforderung haben, aber nicht die Aussage des Evangeliums, dann fragen wir uns: Was sagt der Text über Gottes große Taten, die mich dazu bringen, der Aufforderung nachzukommen? Was tut Gott, wie zeigt sich Gott, so dass ich gar nicht anders kann?

• Positiv

Die Predigt des Evangeliums ist positiv. Es ist eine gute Botschaft. Das soll sich auch in der Formulierung der Predigtbotschaft zeigen. Positive Formulierungen sind besser als negative. Eine Predigtbotschaft zu Lk 8,26-39 könnte lauten: „Jesus bringt unser Leben mit all den guten und schlechten Seiten, an die wir uns gewöhnt haben, durcheinander." Besser wäre: „Jesus holt uns aus den gewohnten Gleisen in neue Erfahrungen, indem er heilt, wofür wir keine Hoffnung hatten."

Ganz besonders wichtig ist der positive Ton bei Predigten, die zurechtweisen oder Gericht ansagen müssen. Wir prüfen sehr sorgfältig: Kommt in der Predigtbotschaft die Liebe Gottes zum Ausdruck, die hinter der Zurechtweisung und dem Gericht steht? Merken die Hörerinnen und Hörer, dass es Gott selbst schmerzt, wenn er uns richten muss? Ist die Botschaft ein göttliches Werben mit letzter Dringlichkeit oder ein menschliches „Luftmachen", weil so viel Unzulänglichkeit ärgert? Was Jeremia erfahren hat (vgl. Jer 20,7-9), gilt bis heute: Gericht zu predigen ist viel schwerer, als Heil auszurufen. Es reibt den Prediger oder die Predigerin auf. Es ist die Liebe zu den Zuhörenden, die es schwer macht, ihnen ein Gottesurteil zu sagen.

Merke: Die Predigtbotschaft fassen wir in einen Aussagesatz mit positivem Charakter.

• Durchs Herz gehend

Wir prüfen noch einmal den Satz, in den wir die Predigtbotschaft gefasst haben: Ist das genau die Botschaft, die der Text mir gesagt hat? Wenn ich diesen Satz bedenke, wird mir dann das Herz bewegt, wie es beim Studium des Textes geschah? Und wie kommt diese Botschaft beim Hörer an? Bewegt sie ihn? Erfreut sie ihn? Ermutigt sie ihn? Reißt sie ihn vom Stuhl? Wenn die Botschaft sehr allgemein formuliert ist, hat sie wenig Kraft. Wen lockt schon der Satz: „Gott liebt die Menschen"? Besser wäre ein konkretes Eingehen auf die Hörerinnen und Hörer, vielleicht, wenn es in der Gemeinde aktuell ist und auch so praktiziert wird: „Wer versagt hat, bekommt von Gott besonderes Vertrauen" (zu Joh 21,15-19). Die Predigtbotschaft in einem Satz, das ist die ganze zusammengefasste Predigt. Was geschähe, wenn wir jemanden in der Nacht weckten und ihr oder ihm diesen Satz sagten? Wichtig genug sollte die Botschaft sein! Die aus dem Schlaf gerissene Person sollte sich nicht unwillig abwenden, sondern aufmerken und bitten: „Erkläre mir den Satz!"

Merke: Die Predigtbotschaft formulieren wir konkret und zupackend.

3. Wir finden die Gliederung

3.1 Wir brauchen eine Gliederung

Was wir zu sagen haben, ist uns so wichtig, dass wir unbedingt verstanden werden wollen. Wer zuhört, soll den Predigtweg mitgehen und da ankommen, wo die Predigtbotschaft ins Leben und ins Herz trifft. Das bedeutet, dass wir die Schritte auf dem Predigtweg so organisieren müssen, dass die Hörerinnen und Hörer folgen können. Durch einen plötzlichen Haken werden manche die Orientierung verlieren, ein großer Gedankensprung wird viele ratlos zurücklassen. „Was will er eigentlich sagen?", werden sie sich fragen. Wenn wir aber langsam und logisch vorangehen, werden alle folgen können. Das heißt, wir müssen die Predigt logisch gliedern.

3.2 Wir gehen schrittweise vor

• Sortieren

Wie finden wir die Gliederung der Predigt? (vgl. A. Pohl, Anleitung zum Predigen, Berlin 1966, S. 51 ff.). Zunächst gehen wir alles Material durch, das wir gesammelt haben. Wir *sortieren* die Gedanken. Was gehört zusammen, was stellt einen neuen Gedanken dar? Zusammengehöriges kennzeichnen wir mit einer Zahl, mit einer Farbe. Wenn wir am Computer arbeiten, ordnen wir die Gedanken zu Blöcken zusammen. Wenn wir auf Papier geschrieben haben, zerschneiden das Blatt (gut, dass wir die Blätter nur auf einer Seite beschrieben haben) und sammeln die zusammengehörenden Gedanken auf kleinen Papierstapeln. Jetzt zeigt es sich, wie gut es war, übersichtlich zu notieren und großzügig Zwischenräume zu lassen. Für jeden Abschnitt oder Gedankengang stellen wir also fest, ob er zu einem bereits vorhandenen Block oder Stapel gehört oder ein neuer begonnen werden muss. Wir fragen uns: Sind das nur andere Formulierungen für einen schon aufgenommenen Gedanken? Wird hier zu dem bereits Vorhandenen ein Beispiel, ein Bild, eine Ergänzung gegeben? Ist das etwas Neues, eine Konsequenz etwa, eine Voraussetzung, ein anderer Gesichtspunkt? Sind das mehrere Seiten der Sache, die nacheinander behandelt werden müssten? Abschnitt für Abschnitt, Blatt für Blatt nehmen wir uns vor. Schließlich haben wir 10 oder mehr Blöcke oder Stapel vor uns. Das sind sozusagen die Schritte der Predigt. Wir müssen gut aufpassen, dass wir nicht zwei verschiedene Blöcke haben, die eigentlich dasselbe sagen, nur mit anderen Worten. Wir müssen auch darauf achten, dass kein Block zu umfassend ist, also mehrere Schritte enthält. Gleichzeitig prüfen wir noch einmal, ob auch jeder aufgenommene Gedanke zur Predigtbotschaft gehört. Einiges hatten wir ja schon bei der Suche nach der Formulierung der Predigtbotschaft ausgeschieden.

• Überschriften suchen

Als nächsten Schritt fassen wir die einzelnen Gedankenschritte durch *Überschriften* zusammen. So sind sie leichter zu handhaben. Wir suchen also jetzt für jeden Gedanken einen Satz, der jeweils die Aussage zusammenfasst. Es sollte in der Regel ein *vollständiger Aussagesatz* sein. Ganze Sätze sind besser als kurze Stichwörter, weil sie uns dazu nötigen, nebelhafte Vorstellungen in klare Aussagen zu überführen.

• Reihenfolge festlegen

Nun müssen wir die gefundenen Gedankenschritte in die richtige *Reihenfolge* bringen. Womit fangen wir an? Was folgt? Was steht am Ende? Wir schreiben jetzt die Überschriften hintereinander auf und legen dabei eine Reihenfolge fest. Wir brauchen dazu die Logik. Voraussetzungen müssen zuerst geklärt werden. Anwendungen werden erst nach den Erklärungen stehen können. Einige Punkte werden nacheinander abzuhandeln sein, weil sie verschiedene Gesichtspunkte eines Gedankens bringen und so alle in eine Richtung gehen. Wie ist es am besten, am einleuchtendsten, am spannendsten für die, die zuhören? Immer wieder probieren wir eine andere Reihenfolge, bis alles ganz klar und logisch ist.

• Text zuordnen

In der Regel wird jedem Schritt unserer Predigt ein Abschnitt im Bibeltext entsprechen. Auch die Reihenfolge wird oft dem Gedankengang des Textes entsprechen. Der Text folgt ja auch der Logik. Es ist uns also eine Bestätigung, wenn wir hinter jede Teilüberschrift die Textverse notieren können, die hier wichtig sind. Wenn sich zeigen sollte, dass wir eine andere Reihenfolge der Gedanken als der Text haben, dass vielleicht auch Verse und Sätze nicht von uns aufgegriffen sind, dann muss das kein Fehler sein. Unsere Predigtbotschaft mag es so verlangen. Aber wir müssen wissen, warum wir es anders machen als der Text.

• Zusammenfassen

Im nächsten Arbeitsgang ziehen wir einige der Gedankenschritte zusammen. Wir werden es schon längst gemerkt haben: Manche unserer Schritte gehören enger zusammen, sie bilden einen Komplex. Vielleicht ziehen sie verschiedene Schlussfolgerungen aus dem Text. Oder sie unterstreichen einen Wesenszug Gottes, der für die Predigt wichtig ist. Über solche zusammenhängenden Schritte setzen wir eine *Hauptüberschrift*, die sie alle zusammenfasst. Wieder formulieren wir einen Aussagesatz als Überschrift. So ein Satz dient uns und später denen, die uns zuhören, als Wegweiser durch die Predigt. Er kann auch für die Hörerinnen und Hörer ein Merksatz für zu Hause sein. Wenn wir so unsere Teilschritte durcharbeiten, ergeben sich zwei bis vier Hauptüberschriften. Das ist also unsere Gliederung.

3.3 Wir überprüfen die Gliederung

Nun überprüfen wir sie noch einmal nach fünf wichtigen Gliederungsregeln:
1. *Zielen alle Hauptpunkte auf die Predigtbotschaft?* Ist das nicht der Fall, dann wird die ganze Predigt unklar.

2. *Umfasst jede Hauptüberschrift wirklich alle zu ihr gehörenden Gedankenschritte?* Wird diese logische Gliederungsregel nicht eingehalten, ergeben sich Gedankensprünge.

3. *Enthält jede Hauptüberschrift mindestens zwei Gedankenschritte?* Steht unter einer Hauptüberschrift nur *ein* Unterpunkt, könnte ja die Unterteilung entfallen. Haupt- und Unterpunkt sagen wohl dasselbe mit anderen Worten. Oder was wir als Hauptpunkt formuliert haben, ist eigentlich ein zusätzlicher Gedankenschritt. Dann müssen wir neu überlegen, wie er mit den anderen Schritten zusammenzubinden ist.

4. *Sind wirklich alle Teilschritte, die unter einer Hauptüberschrift stehen, verschieden?* Ist das nicht der Fall, werden wir uns wiederholen und die Zuhörenden ermüden.

5. *Sind die Hauptgedanken ungefähr gleichgewichtig?* Stehen etwa unter einer Hauptüberschrift nur zwei Gedankenschritte, unter einer anderen dagegen sechs, dann stimmt etwas mit der Gliederung nicht. Die einzelnen Abschnitte und Hauptabschnitte der Predigt sollten ungefähr gleich lang werden.

3.4 Die Arbeit lohnt sich

Nun haben wir die Predigtbotschaft und eine klare Gliederung mit Haupt- und Unterpunkten. Die Gliederung zu erstellen war eine mühevolle Gedankenarbeit. Selten war der erste Entwurf einer Überschrift zufrieden stellend. Selten konnten wir die Gedanken in der Reihenfolge lassen, die uns zuerst einfiel. Oft waren wir noch nicht ganz zufrieden, wussten aber nicht, warum. Manchmal wurde der Blick für eine Verbesserung der Gliederung erst nach einer Pause frei. Am Ende dann ist die Gliederung so klar, dass es scheint, man könne es gar nicht anders machen.

Gut, dass wir diese Gedankenarbeit nicht gescheut haben. Logisches Vorgehen und klare Schritte sind die besten Hilfen beim Einprägen der Predigt. Eine solche Predigt wird es uns leicht machen, frei und lebendig zu sprechen. Und sie wird es den Hörerinnen und Hörern leicht machen, aufzupassen und sich die Predigtbotschaft zu merken. Unsere Predigt sollte so übersichtlich und klar sein, dass eine Mutter, die durch ihr unruhiges Kind eine kurze Zeit abgelenkt wird, dennoch nicht den Faden verliert. Denn wir wollen unbedingt verstanden werden. Die Botschaft, die wir zu verkündigen haben, das Evangelium für unsere Zeit, ist so wichtig, dass uns keine Mühe zu groß sein kann. Weil es uns um die Menschen geht, die uns zuhören werden, scheuen wir keine Anstrengung.

Merke: Eine klare Gliederung ist notwendig, damit die Predigt lebendig dargeboten, gut verstanden und behalten wird.

5. KAPITEL: NÄHE ZU DEN HÖRENDEN

Teil A: Predigt verändert

Übersicht
1. Was soll dieser Abschnitt erreichen?
2. Predigt ist Heilswirken Gottes
3. Predigt ist Zeichen für Gottes Zukunft
4. Durch den Heiligen Geist ist Predigt Gottes Wort
5. Predigt schafft neue Situation
6. Wir dürfen viel erwarten

1. Was soll dieser Abschnitt erreichen?

Es geht in diesem Abschnitt um die Wirkung der Predigt. Gottes Wort soll nicht leer zurückkommen, sondern ausrichten, wozu Gott es sendet (Jes 55,11). Wozu sendet er es? Als Verkündigende wollen wir nicht wie Leute sein, die gegen eine Wand reden. Wir wollen etwas erreichen. Was sollen und können wir erreichen?

2. Predigt ist Heilswirken Gottes

Gott erwartet Großes von der Predigt. Nach dem Sterben und Auferstehen Jesu arbeitet Gott nun am Heil der Menschen durch die Predigt seiner Boten. Durch sie macht er die Menschen auf sein Heil aufmerksam. Sie sollen gerettet werden. Er ruft sie zum Glauben. Der Glaube aber kommt aus dem Hören (Röm 10,14-17). Durch die Predigt baut Gott Gemeinde. So gehört die Predigt zu Gottes Heilsplan.

Lukas hat das dadurch zum Ausdruck gebracht, dass er nach seinem Evangelium als zweiten Band seines Werkes die Apostelgeschichte schrieb. Nachdem er von dem Christusereignis berichtet hatte, erzählte er nun von Gottes Heilswirken in der Verkündigung der Apostel. Auch Paulus weiß etwas von diesem „Amt des Wortes" (vgl. Apg 6,4): Nachdem Gott durch Christus die Welt mit sich versöhnt hat, hat er „das Amt gegeben, das die Versöhnung predigt", hat er „das Wort von der Versöhnung aufgerichtet." (2 Kor 5,18.19) So ruft er Menschen vom Tod zum ewigen Leben.

Merke: Die Predigt gehört zu Gottes Heilsplan: Durch sie sollen Menschen zum Glauben und damit zum ewigen Leben kommen.

3. Predigt ist Zeichen für Gottes Zukunft

Predigt soll eine Wirkung haben. Mit der Predigt will Gott etwas verändern. Wenn alles so bleiben könnte, wie es ist, dann brauchte es keine Predigt zu geben. So ist also die Predigt ein Protest gegen den gegenwärtigen Zustand. Sie ist ein Zeichen, dass es noch etwas Besseres, eine Vollendung gibt. Sie ist ein Zeichen für Gottes neue Welt. Die Kirche zeigt in jeder Predigt, dass sie unterwegs ist. Zur Sprache der Predigt gehören Gottes Verheißungen. Darüber hinaus fängt zeichenhaft schon an, was Gott versprochen hat. Etwas von der himmlischen Gemeinschaft der Gotteskinder beginnt. Ein wenig des geistlichen Verständnisses wird geschenkt. Nach der Predigt singt die Gemeinde, und ihr Singen ist ein Hinweis auf das neue Lied der Erlösten auf Gottes neuer Welt. So dient die Predigt der Verheißung Gottes, sie steht im Dienst des Kommenden. Sie lädt die Hörerinnen und Hörer zu dem ein, was noch Zukunft ist. Sie weckt Hoffnung. Wer Gottes Wort sagt, steht Gottes Vollendung zur Verfügung. Die Predigt, die Predigerin oder der Prediger und Hörergemeinde werden unter Gottes Wort zu einem Zeichen für Gottes Zukunft (vgl. R. Bohren, Predigtlehre, München 1971, S. 222 ff.).

Merke: Die Predigt ist Protest gegen die gegenwärtige und Zeichen für die Verheißung der zukünftigen Welt.

4. Durch den Heiligen Geist ist Predigt Gottes Wort

Wie ist das möglich? Predigt ist mehr als Menschenwort. „Wer euch hört, der hört mich" (Lk 10,16), sagt Jesus seinen Jüngern. Und Paulus dankte, dass die Zuhörer in Thessalonich die Predigt nicht als „Menschenwort, sondern, wie es das in Wahrheit ist, als Gottes Wort" aufnahmen (1 Thess 2,13). Predigt kommt aus dem Heiligen Geist. Die große Zeit der Predigt begann mit der Ausgießung des Heiligen Geistes. Geisterfüllte Predigt weckt Glauben. Der Geist ist es, der in die Wahrheit leitet (Joh 16,13). Wo der Geist ist, da ist Leben und lebenschaffende Macht Gottes (2 Kor 3,6). Durch Gottes Geist wird das Wort der Predigt zu einem Ereignis, das die Augen öffnet. Dabei wird Gott in seinem Tun erkannt. Aber auch die eigene Verkehrtheit kommt ans Licht. Der Geist „wird der Welt die Augen auftun über die Sünde, die Gerechtigkeit und das Gericht." (Joh 16,8-11) So wird die Wirksamkeit der Predigt umschrieben. Wie das praktisch aussieht, stellt das Neue Testament dar, indem es über die Predigt der Apostel erzählt. Ist der Heilige Geist in der Predigt, dann rückt sie ganz in die Nähe der Weissagung. Durch sie, so schreibt der Apostel, werden die Menschen in ihrem Herzen getroffen und erleben Gottes Gegenwart (1 Kor 14,24.25). In jedem Gottesdienst sollte das geschehen.

Merke: Der Heilige Geist bringt die Predigt zur Wirkung.

5. Predigt schafft neue Situation

Wie wirkt die Predigt? Sehen wir uns ein Beispiel an: die Pfingstpredigt des Petrus in Apg 2. Petrus hatte Menschen vor sich, die auf den Messias, den in den Schriften von Gott verheißenen königlichen Retter warteten. Schon oftmals hatte jemand behauptet, der Erwartete zu sein. Aber immer wieder gab es eine Enttäuschung. Menschen hatten sich die Erlöserrolle selbst angemaßt. So mussten sie scheitern. Erst kürzlich wieder war einer aufgetreten, dieser Jesus aus Galiläa, so erinnerten sich die Zuhörer des Petrus. Viele Hoffnungen hatte er geweckt. Doch dann war er von den Römern als Aufwiegler hingerichtet worden. Also musste man weiter warten. Wo blieb Gott mit seinen Verheißungen? Es sah nicht so aus, als kümmerte sich Gott um die Welt.

Heute sind die Hörerinnen und Hörer der Predigt in ähnlicher Lage. Da geschieht so vieles, was gegen die Existenz eines liebenden Gottes zu sprechen scheint. Manche Hoffnung wird enttäuscht. Zweifel kommen auf. Der Alltag ermutigt den Glauben nicht.

In diese Lage hinein kommt die Predigt. Damals trat Petrus auf. Er sagte: Diesen Jesus aus Nazareth hat Gott auferweckt (Apg 2,24.32). Er ist nicht gescheitert. Es ist nicht wieder einmal alle Hoffnung zu begraben. Gott hat ihn als Erlöser bestätigt, ihm alle Macht gegeben (Apg 2,33-36). Was wie eine Niederlage aussah, war ein Sieg. In der Predigt des Petrus wird dieser Sieg ausgerufen.

Die Hörerinnen und Hörer damals werden gedacht haben: Wenn das wahr ist...! Zweifach begründet Petrus, was er sagt. Zum einen legt er aus den Schriften dar, dass die Auferstehung in Gottes Plan gehört. Daher die vielen Schriftzitate in seiner Predigt. Und zum andern steht er zusammen mit den anderen Aposteln als Zeuge für die Wahrheit seiner Aussagen ein (Vers 32).

Nicht anders ist es mit der Predigt heute: Der Prediger bezeugt, was Gott getan hat, und legt aus der Schrift dar, wie Gottes Handeln zu verstehen ist.

Merke: Predigt bezeugt Gottes Taten, wie sie aus der Schrift erkennbar sind.

Welche Wirkung hat die Predigt? Damals sahen die Zuhörenden ihre Situation plötzlich in völlig anderem Licht: Sie waren ja gar nicht von Gott allein gelassen. Es bestand kein Grund für Unglauben und Enttäuschung. Gott war nicht weit entfernt, sondern war ihnen unheimlich nahe gerückt. Überall entdeckten sie nun Zeichen für das Wirken Gottes in ihrer Zeit. Ein solches Zeichen war auch, dass sie die Worte der Apostel in ihrer eigenen Muttersprache verstanden (Vers 33).

Das ist es, was rechte Predigt bewirkt: Sie verändert die Lage. Wo vorher alles gegen Gottes Existenz zu sprechen schien, da sind plötzlich überall seine Spuren zu finden. Wo man am Glauben verzweifeln wollte, wird wieder Mut gefasst. Wo man die Hoffnung auf ein Eingreifen Gottes aufgeben wollte, wird Gott „sichtbar" als einer, der bereits eingegriffen hat. Gottes Macht und Herrlichkeit erscheinen, seine Stimme ist zu hören. Wo dieses Wunder geschieht, sieht die Welt anders aus als vorher. Es ist, als ob alles ein neues Vorzeichen erhalten hätte. Predigt verändert die Welt, sie macht alles neu. Predigt ist Schöpferwort Gottes in unserer Zeit. Predigt ist ein Ereignis. Das sollen die Hörerinnen und Hörer erleben.

Merke: Predigt verändert die Welt. Gott offenbart sich.

Damals reagierten die Leute mit Betroffenheit. Das Wort traf ins Schwarze. „Es ging ihnen durchs Herz." (Vers 37) Sie erkannten, dass Gott sie in dieser Predigt persönlich ansprach. Ihre Hoffnung und Sehnsucht, aber auch ihre Schuld (Vers 23.36) wurde angerührt. Diesem Anspruch Gottes mussten sie sich stellen.

6. Wir dürfen viel erwarten

Wenn wir von der Predigt nichts erwarten, dann werden wir dem Schöpferwort Gottes nur schlecht zur Verfügung stehen können. Wenn in der Predigt nicht damit gerechnet wird, dass sich die Lage wandelt, wird der Schwerpunkt auf die Veränderung gelegt, die nach der Predigt durch den Hörer in Gang kommen soll. Wenn *in* der Predigt nichts geschähe, müsste ja der Hörer *hinterher* etwas bewirken. Damit wird der Hörer beauftragt, das zu leisten, was nur Gott kann: Er soll die Situation verändern. Wird er damit nicht überfordert? Wäre das eine biblische Predigt? In christlicher Predigt hat Gott mit seinem Tun den Vorrang. Erst tut er etwas, sein Schöpferwort verändert die Lage. Dann reagieren wir Menschen darauf.

Wenn wir von der Predigt nichts erwarten, dann hat unser Reden nicht Anteil an Gottes Protest gegen den gegenwärtigen Zustand. Die Verheißung geht verloren. Wird dann nicht bestätigt, was ist? Die Predigt wird zu einer Rede über den Menschen und seine

Seele, über Probleme der Zeit, und zwar in der gegenwärtig vorherrschenden Sicht. Veränderungen sind gar nicht vorgesehen. Sind sie überhaupt erwünscht? Wenn wir nichts erwarten, dient unser Reden den herrschenden Verhältnissen und Mächten dieser Welt.

Merke: Wenn wir nichts erwarteten, würden wir die Hörerinnen und Hörer überfordern oder die herrschenden Verhältnisse festigen.

Die Predigt ist Gottes Schöpferwort. Gottes Geist wirkt. Da können wir mit Großem rechnen. Wir können Gottes Wort beim Wort nehmen. Es wäre zu wenig, wenn eine Predigt *über* Gottes Wort spricht, aber Gottes Wort ist nicht da, etwas auszurichten. Es kann uns nicht genügen, über die Freude der Vergebung zu predigen, und niemand wird froh. Was nützte es, über die Gemeinschaft der Gläubigen zu sprechen, und niemand drückt dem anderen herzlich die Hand, oder über Gottes Führung in unserem Leben, und die Hörerinnen und Hörer erfahren keine Wegweisung für Entscheidungen, die in den nächsten Tagen zu treffen sind? Wir wollen nicht nur *über* Gottes Wort reden. Gott soll sein Schöpferwort sprechen. Es soll gleich geschehen, was geredet wird. „Wenn er spricht, so geschieht's." (Ps 33,9) Wir wollen nicht nur nachdenken über das, was Gott durch sein Wort tun könnte, wir wollen es erleben. Wäre es nicht eine Verachtung des Heiligen Geistes, wenn wir zu wenig von der Predigt erwarteten? Ein Predigtschluss mit den Wendungen „Möge Gott uns schenken..." oder „Lasst uns darüber nachdenken..." könnte andeuten, dass der Prediger oder die Predigerin der eigenen Predigt gar nichts zutraut.

Zu jeder Predigt fragen wir uns: Wie werden die Leute hinausgehen nach dieser Predigt? Werden sie aufgerichtet sein, betroffen, dankbarer, demütiger? Es muss doch in der Predigt etwas passiert sein in der Hörergemeinde. Was wird das für eine Gemeinde sein, die durch diese Predigt geschaffen wird? Wenn sie sich alle ansprechen lassen von Gottes Wort, wie wird die Gemeinde dann aussehen? Ist sie mutlos gekommen, so geht sie mutiger hinaus. Ist sie selbstsicher gekommen, so ist sie vor Gott erschrocken. Ist sie

zersplittert gewesen, so sind jetzt alle ein Stück näher zusammen-
gerückt.

Merke: Wir erwarten, dass Gott in der Predigt etwas an den Hörerinnen und Hörern tut.

Teil B: Predigen kann, wer die Zuhörenden liebt

1. Was soll dieser Abschnitt erreichen?

Wer predigen will, muss die richtige Einstellung zu den Hörenden haben. Was übermittelt werden soll, braucht die richtige Träger- welle. Sonst kommt es nicht an oder wird verzerrt empfangen. Es gibt nur eine Wellenlänge, die geeignet ist, die Predigtbotschaft zu den Hörerinnen und Hörern zu tragen. Das ist die Liebe. In die- sem Abschnitt soll bedacht werden, was es heißt, die Zuhörenden zu lieben, und welche Konsequenzen das für die Predigt hat.

2. Die Predigerin oder der Prediger liebt die Zuhörenden

2.1 Die Möglichkeiten der Menschen sehen

Als Jesus zum ersten Mal den Nathanael vor sich hatte, durch- schaute er diesen Mann. Seine Einschätzung lautete: ein aufrichti- ger Israelit (Joh 1,47). War denn Nathanael so vorbildlich? Hatte er sich nicht sehr skeptisch über Jesus geäußert (Vers 46)? Solche Skepsis verdiente Jesus nicht. Jesus hätte auch urteilen können: Er ist ein Zweifler, der sich selbst im Weg steht mit seinem Misstrauen. Aber Jesus sah in dem Zweifel des Nathanael ein aufrichtiges Suchen. Er nahm diesen Mann positiv. Er entdeckte in ihm Möglichkeiten.

Als Paulus nach Athen kam, war er erschrocken über die vielen Tempel und Altäre der Götzen in dieser Stadt. Welche Ferne von Gott, welche tiefe Verirrung der Gewissen, wie viel Sünde war da zu sehen! (Apg 17,16) Paulus hätte allen Grund gehabt, seinen Zuhörerinnen und Zuhörern erst einmal deutlich zu sagen, wie verkehrt sie sind. Statt dessen entdeckte er in ihnen eine Sehnsucht nach Gott, die durch alle Götzen nicht gestillt werden konnte (Vers 22.23). Er fand in diesen Heiden eine Chance. Er sah, was aus ihnen werden konnte, wenn sie Christus kennen lernten.

Als sich Paulus vor dem römischen Statthalter Festus und dem König Agrippa zu verteidigen hatte, schilderte er seine Hoffnung und seinen Glauben an Jesus. Er wusste wohl, wie weit seine Zuhörer von Gott entfernt waren. Und doch sagte er zum König: „Glaubst du, König Agrippa, den Propheten? Ich weiß, dass du glaubst." (Apg 26,27) Er sah den König nicht als einen skrupellosen Mann, der weder nach Gott noch nach Menschen fragte, wenn es um seine Interessen ging. Das war er auch. Aber Paulus sah in ihm einen, in dem ein Funke Glauben war. Auf diese hoffnungsvolle Seite seines Wesens sprach er ihn an.

Das ist die Gesinnung, aus der heraus wir predigen können. Unsere Zuhörerinnen und Zuhörer sind nicht nur gleichgültig und schwach und fern von Gott. Wer ohne Anteilnahme oder mit Resignation über sie urteilt, kann nur Bitterkeit ausgießen. Wer sie aber liebt, sieht in ihnen Möglichkeiten. Er sieht, was noch gar nicht da ist, was aber werden kann. Er nimmt sie nicht, wie sie gewesen sind, sondern wie sie werden sollen. Er wird ihnen zutrauen, was sie sich selbst nicht zutrauen.

Ist das nicht auch der Weg, wie wir Menschen überhaupt wachsen und reifen? Wächst nicht jedes Kind nur dadurch zu einem wertvollen und tüchtigen Menschen heran, dass liebende Eltern einen Vertrauensvorschuss geben. Sie wagen beständig etwas mehr, als die kindlichen Leistungen bisher rechtfertigten. Sie vertrauen auf Wachstum. Dadurch fördern sie Wachstum.

Die Gemeinde wird jeden, der Gottes Wort verkündigt, auch enttäuschen. Sie wird versagen. Sollte man da als Predigerin oder Prediger dem Ärger Luft machen? Sollte man hart abrechnen? Predigt ist auf die Zukunft hin ausgerichtet. Sie rechnet nicht kalt ab, sie ist heißes Pläneschmieden. Wer predigt, sucht Ansatzpunkte für das Gute und wird durch die Liebe fündig. Wer predigt, findet, was Gott aus den Hörenden machen kann. Das Evangelium öffnet denen, die es predigen, die Augen. Die erste Aufgabe der Predigt ist, das Gute zu entdecken und zu fördern. Das bedeutet aber, Gottes Güte an den Hörerinnen und Hörern zu entdecken. Durch die Predigt will Gott das gute Werk, das er in ihnen angefangen hat, der Vollendung näher führen.

Merke: Predigen kann, wer den Hörerinnen und Hörern zutraut, was sie erst noch werden sollen.

2.2 Den Hörenden die Freiheit und Verantwortung zumuten

Liebe ist das Gegenteil von Zwang. Zwang verachtet den anderen. Das gilt auch für den Zwang zum Guten. Wer jemanden zu seinem Glück zwingen will, traut dem anderen nicht zu, selbst einschätzen zu können, was für sie oder ihn Glück ist. In der Geschichte von dem Vater und seinen beiden Söhnen erzählt Jesus, dass der Vater auf seinen jüngeren Sohn wartet, bis er nach Hause kommt (Lk 15,11-32). Er geht auch hinaus und lädt seinen älteren Sohn ein, am Fest teilzunehmen. Aber er zwingt niemanden. Weder wird der eine mit Gewalt nach Hause geholt, noch wird der andere an die Festtafel befohlen. So ist Gott: Obwohl es ihm unendlich weh tut, wenn wir von ihm weglaufen, obwohl er bitter enttäuscht ist, wenn wir das Glück, das ihn doch so viel gekostet hat, nicht haben wollen, er zwingt nicht. Er respektiert unsere Freiheit. Er mutet uns Verantwortung zu. Er nimmt uns für voll.
Predigen kann, wer die Hörerinnen und Hörer für voll nimmt. Sie zu lieben, das heißt, ihnen die Freiheit der Entscheidung lassen. Wer verkündigt, manipuliert sie nicht durch Beredsamkeit. Wer predigt wird nicht versuchen, Sympathie zu gewinnen, indem

durch Ironie andere schlechtgemacht werden. Spitzen haben in der Predigt keinen Platz, auch nicht religiöse oder politische. (Damit ist nichts gegen politische Predigt gesagt.) Es ist kein Erfolg für die Predigt, wenn man die Lacher auf seine Seite ziehen konnte. Muss eine Hörerin oder ein Hörer nicht fürchten, demnächst auch Zielscheibe der Menschenverachtung zu sein? (Ganz anders ist es mit dem Humor. Er hilft, über sich selbst zu lachen und damit die eigenen Grenzen schon ein wenig zu überschreiten.)

Wer die Zuhörenden liebt, wird ihnen das eigene Denken zumuten. Die Predigerin wird nicht ihre Autorität benutzen, um ihre Gedanken durchzusetzen. Der Prediger wird nicht über die Gemeinde herrschen, sie nicht wie Kinder behandeln, sondern ihnen dienen (1 Petr 5,3). Wer predigt, wird auch nicht durch Stimmung oder Redefluss verhindern, dass die Zuhörenden die Worte überdenken. Predigt fordert zum eigenen Prüfen und Entscheiden heraus. Die Zuhörenden sollen zur Einsicht kommen. Auf diesem Weg wird Predigt wirksam.

Merke: Predigen kann, wer die Freiheit der Hörenden achtet, sie nicht manipuliert oder beherrscht, sondern zu überzeugen sucht.

2.3 Mit vollem Einsatz predigen

Wer seine Hörerinnen und Hörer liebt, wird mit vollem Einsatz predigen. Paulus verkündigte mit ganzem Ernst, mit Tränen (Apg 20,19.31). Er hat keine Mühe gescheut, kein Weg war zu weit oder zu gefährlich. Kein Einsatz war zu hoch, um Menschen zu gewinnen. Das hat Paulus von Jesus gelernt. Auch er weinte um seine Hörer. Ihm war nicht einmal der Einsatz seines Lebens zu hoch.

Sind die Menschen, die heute die Predigt hören, weniger kostbar? Ist es heute weniger lohnend, sie zu Christus zu führen? Die Person, die wir lieben, ist uns wertvoll. Ihr Heil kann uns nicht gleichgültig sein. Für sie ist es uns nicht zu viel, nach der überzeugendsten Gestalt der Predigt zu suchen. Für ihre Rettung predigen wir nicht nur mit unserer Stimme, sondern mit ganzem

Herzen. Da ist das Predigen keine lästige Pflicht. Die Liebe, die Christus uns geschenkt hat, dringt uns.

Merke: Predigen kann, wem die Hörerinnen und Hörer so lieb sind, dass sie oder er keinen Einsatz scheut.

3. Wer predigt, ist Wegleiter

3.1 Die Predigt ist ein guter Weg

Die Predigt ist wie ein Weg, den die Predigerin oder der Prediger mit den Hörenden ein Stück weit geht. Umwege und Sackgassen sollten dabei vermieden werden. Wenn wir die Zuhörenden in eine Richtung führen, die sich am Ende als Irrweg erweist, dann haben wir kostbare Zeit verloren für einen besseren Weg. Außerdem kostet es Mühe, die Hörerinnen und Hörer wieder herauszuführen. Wie leicht passiert es, dass jemand noch weiter in der falschen Richtung denkt und dadurch den Anschluss verpasst. Ohne Bild: Wir wollen nicht andere Wege schlecht machen, wir wollen den Zuhörenden nicht etwas wegnehmen. Wir wollen vielmehr gleich etwas Besseres bieten. Dann werden die Leute von selbst fallen lassen, was weniger wertvoll ist. Hat es das Evangelium nötig, dass die Freuden der Welt erst richtig madig gemacht werden, damit dann Gottes Angebot als Gegensatz verlockend erscheint? Muss erst Höllenangst eingejagt werden, bevor das Paradies begehrenswert ist? Gott hat mehr zu bieten. Sein Wort trifft nicht nur, wenn der Mensch schwach und krank ist und den Tod vor Augen hat. Es hat auch etwas zu sagen, wenn er gesund und stark ist. Hat es Gott nötig, uns erst in die Ecke zu treiben, bevor er sein Angebot machen kann? Muss er erst schwarz malen, was wir haben, damit sein Heil im Kontrast dazu steht? Was er anbietet, strahlt so hell, dass es alles in den Schatten stellt. Also brauchen wir in der Predigt die Welt und die Menschen nicht abzuwerten. Wir brauchen nicht Grenzen aufzusuchen oder Schwächen herauszustellen. Die Predigt kann gleich den Weg Gottes zeigen.

Merke: Wir predigen nicht negativ, um den Hörenden etwas wegzu-nehmen, wir bieten etwas Besseres an.

3.2 Wer predigt, geht mit den Hörenden den Predigtweg

Welche Rolle spielt die Predigerin oder der Prediger? Ist es die Rolle eines Wegweisers? Der steht er am Weg und sagt den Leuten: Wenn ihr in diese Richtung geht, kommt ihr an dieses Ziel, wenn ihr jene Richtung wählt, erreicht ihr jenes Ziel. Für den Wegweiser sind alle Ziele gleichwertig.

Wenn wir predigen, kann uns nicht gleichgültig sein, welchen Weg die Hörerinnen und Hörer einschlagen. Wir werden sie dringlich einladen, mit uns den einzigen guten Weg zu gehen. Wer verkündigt, ist nicht ein Wegweiser, sondern jemand, der die Zuhörenden für die Dauer der Predigt ein Stück weit begleitet. Für den Prediger gilt ja nichts anderes als für die Hörenden. Er gehört zu ihnen. Die Predigerin lebt genauso in der Welt wie die Menschen, zu denen sie spricht. Daher versteht sie sie. So können sie sich in der Predigt wiederfinden. Sie gehen in der Predigt mit. Wer predigt, führt die Hörerinnen und Hörer den guten Weg, ohne Umwege und Sackgassen. Und am Ende der Predigt stehen alle, Sprechende und Hörende, vor der gleichen Frage: Wie soll es weitergehen? Die Predigerin oder der Prediger hat sich bereits ent-schieden und wird die Hörenden in die Entscheidung entlassen: „Erwählt euch heute, wem ihr dienen wollt. Ich und mein Haus, wir wollen dem Herrn dienen." (Jos 24,15)

Überdenke deine innere Haltung zu deiner Gemeinde! Frage dich nach deinem Vertrauen, dass Gott sie einen guten Weg führen wird!

Teil C: Einleitung und Schluss

1. Was soll dieser Abschnitt erreichen?

Es geht um die Einleitung und den Schluss der Predigt. Warum kann man nicht einfach anfangen, einfach aufhören? Der Beginn und das Ende einer Predigt sind entscheidende Stellen. Das schon deshalb, weil hier die Aufmerksamkeit der Zuhörenden größer ist als sonst. Wenn hier Fehler passieren, wirkt sich das schwerwiegend aus. Es ist wie bei einem Flug. Start und Landung sind besondere Abschnitte. Start- und Landebahn sollen glatt sein.

2. Welche Aufgaben hat die Einleitung?

Wenn die Predigt ein Weg ist, den die Predigerin oder der Prediger gemeinsam mit der Hörerschaft geht, dann ist die Einleitung das Signal zum Sammeln und Losgehen. Sie soll Aufmerksamkeit wecken, zum Zuhören anreizen. Dazu muss sie drei Aufgaben erfüllen.

2.1 Die Hörenden sollen Vertrauen fassen

Die Predigt ist eingebettet in den Gottesdienst. Dadurch sind die Hörerinnen und Hörer an ihrem Beginn in einer Erwartungshaltung, die natürlich auch beeinflusst ist durch frühere Predigterfahrungen. Wer zur Predigt ansetzt, braucht sich normalerweise nicht erst Gehör zu verschaffen.

Jedoch gibt es Gelegenheiten, wo eine Einführung nötig ist. Damit die Verständigung gelingt, brauchen Sprechende und Hörende ein gutes Verhältnis zueinander. Wenn eine Verkündigerin der Gemeinde unbekannt ist oder zum Verkündiger eine innere Entfernung oder Spannung besteht, werden die ersten Sätze dazu dienen, die Brücke zu schlagen. Dazu können einige persönliche Worte hilfreich sein. Grüße, Vorstellen der Person, eine kurze Erfahrung, auch guter Humor sind angebracht. All das soll aber sehr kurz sein. Wenige Sätze genügen. Besteht es eine gute Beziehung zur Gemeinde, entfällt dieser Teil.

Merke: Die Einleitung schlägt die Brücke zur Hörerschaft.

2.2 Die Hörenden sollen wissen, worum es in der Predigt geht

Niemand bricht gern auf, ohne zu wissen, wohin es geht. Die Einleitung motiviert zum Zuhören, weil die Hörenden erkennen, worüber geredet werden wird. Sie tappen nicht im Dunkeln. Eine Frage wurde aufgeworfen, eine Sorge oder ein Zwiespalt angesprochen. Nun sind die Zuhörenden auf die Lösung gespannt. Oder es wurde eine These aufgestellt, eine Hoffnung geweckt. Nun möchten sie wissen, wie man dahin gelangt. Die Einleitung gibt also entweder die Richtung oder das Ziel der Predigt an.

Man kann sogar am Ende der Einleitung die Gliederung der Predigt nennen. Dann wissen die Hörerinnen und Hörer, was kommt, und finden sich während der Predigt besser zurecht.

Merke: Die Einleitung weckt Spannung, weil sie durch eine Frage oder eine These zeigt, worum es geht.

2.3 Die Hörenden sollen merken, dass sie die Botschaft angeht

Wirkliches Interesse an der Predigt erwächst daraus, dass sie den Hörer oder die Hörerin persönlich angeht. Hohe Erwartung auf das, was kommt, hat man nur dann, wenn man erkannt hat, dass die Predigt etwas mit dem eigenen Leben zu tun hat. Die angesprochenen Probleme sind nicht Theorie. Die Fragen, die die Einleitung stellt, sind nicht als Gedankensport gedacht. Die Predigt verspricht nicht bloß interessant zu sein. Was da verhandelt wird, ist mein ganz persönliches Problem. Was da gefragt wird, habe ich mich selbst schon gefragt. Jetzt aufzupassen ist für mein Leben wichtig. So soll die Hörerin oder der Hörer empfinden.
Wie kann das erreicht werden? Wie man die Einleitung auch aufbaut, immer soll sie so beschaffen sein, dass sich die Zuhörenden darin entdecken wie in einem Spiegel. Wird vom Alltag ausgegangen, so muss es *ihr* Alltag sein. Wird von einer Frage im Text ausgegangen, so müssen sie die Frage als *ihre eigene* wiedererkennen. Erzählt der Text, dann sollen sie sich in einer der Personen des Textes wiederfinden. Wird eine Stimmung angesprochen, so muss es *ihr* Fühlen sein. Das wollen wir sehr genau prüfen. Die Einleitung schlägt also schon die Brücke vom Text zur Situation der Hörenden, die für die ganze Predigt wichtig ist. Gleich vom Anfang der Predigt an kommen Text und Gegenwart zusammen.

Merke: In der Einleitung merken die Hörenden, dass die Predigt ihr Leben betrifft.

3. Was ist bei der Einleitung zu beachten?

Studien haben gezeigt, dass die ersten Sätze der Predigt von den Zuhörenden sehr genau aufgenommen werden. Die Aufmerksamkeit ist groß. Diese Gelegenheit darf nicht vertan werden durch belanglose oder banale Aussagen. Gleich von Anfang an beginnt die Verkündigung. Wir werden nichts bringen, was nicht zur Predigtbotschaft hinleitet.

Während der Predigtvorbereitung kamen uns viele Gedanken. Sie wurden bewegt. Manche gingen aber dann doch nicht in die Richtung der Predigtbotschaft. Sie müssen weggelassen werden. Das fällt nicht leicht. Schließlich sind es gute Gedanken. Da schleichen sie sich leicht als Andeutungen in die Einleitung ein. Dort bleiben sie aber unverständlich, weil sie nicht erklärt werden. Oder die Hörenden denken ihnen weiter nach und bedauern, dass sie nicht ausgeführt werden. Auf jeden Fall stören sie den Predigtablauf. Jedes in der Einleitung angeschnittene Problem ist eine indirekte Behauptung, dass in dieser Predigt eine Antwort gegeben wird. Wird die Erwartung nicht erfüllt, sind die Zuhörenden enttäuscht.

Wir erzählen auch nicht, welche Schwierigkeiten wir bei der Ausarbeitung der Predigt hatten. Die Predigtvorbereitung sollte abgeschlossen sein, wenn wir vor der Gemeinde stehen. Da sind die Schwierigkeiten überwunden. Jetzt herrscht Klarheit. Wenn wir erwähnen, wie schwer es uns geworden ist, zu dieser Klarheit zu finden, dann denken die Hörenden, wir wollten uns wichtig machen.

Die ersten Sätze sollen Spannung wecken. Das wollen wir aber nicht um den Preis tun, dass andere Predigten abgewertet werden. „Meine Predigt ist aus dem Leben genommen." Das sollte ja immer zutreffen. Der Satz weckt Erwartungen, indem er indirekt erinnert, dass die Hörerin oder der Hörer schon Predigten gehört hat, die mit dem Leben wenig zu tun hatten. „Über diesen Text haben wir schon viel gehört. Mancher hat sich schon um die Deutung gemüht." Soll denn die Gemeinde denken: Was wir bisher gehört habe, war nichts wert, jetzt endlich kommt die richtige Deutung?

Vorsicht auch mit Behauptungen. „Wenn man diesen Text liest, hält man unwillkürlich den Atem an." Und wenn jemand nicht so gespannt ist, den Atem anzuhalten? „Jeder kennt diese Frage." Muss ein Mensch, die diese Frage nicht kennt, sich als Außenseiter vorkommen? Wenn die Sätze wiedergeben, wie es wirklich in den

Hörerinnen und Hörern aussieht, dann sind sie gut. Das muss aber sorgfältig geprüft werden.

Problematisch ist es auch, vom Gegenteil der Predigtaussage, vom Negativen her einzusetzen. „Wenn man die Leute auf der Straße fragt, ob es sich lohnt, an Jesus zu glauben, so werden wohl die meisten mit Nein antworten. Das Leben geht ja auch ganz gut ohne Gott. Aber . . ." Diese Sätze drücken eine Sicht aus, die der Absicht der Predigt widerspricht. Ebenso ist es, wenn man ein biblisches Geschehen zunächst aus dem Blickwinkel des Unglaubens schildert. Solche negativen Aussagen haben eine starke Wirkung. Die Predigt bekommt einen negativen Ton. Die Aussagen, besonders wenn sie nicht ausdrücklich widerlegt werden, haften fest im Gedächtnis der Hörenden. Dadurch kann die positive Botschaft abgeschwächt werden. Warum sollten wir zunächst schwarz malen? Braucht die Botschaft der Predigt den dunklen Hintergrund? Das Evangelium hat das nicht nötig. Weil die Einleitung so entscheidend für die weitere Predigt ist, sollten wir auf sie viel Sorgfalt verwenden. Damit sie auch wirklich gut gelingt, überlegen wir die Formulierungen genau. Die Einleitung *wörtlich zu erarbeiten und aufzuschreiben*, kann eine gute Hilfe sein. Spontan wird sie oft nicht besser, sondern nur länger und unklarer.

Merke: Gedanken, Fragen, Behauptungen, Empfindungen, die nicht positiv zur Predigtbotschaft hinleiten, gehören nicht in die Einleitung.

4. Welche Möglichkeiten der Einleitung gibt es?

4.1 Beginn vom Text her

Nachdem der Text gelesen wurde, kann mit einem wichtigen Wort oder Satz des Textes begonnen werden. Das ist gleichsam der Einstieg in die Gedanken des Textes und der Predigt.

> Zu 1 Joh 3,1-3: „Sehet, was ist das für eine Liebe! In diesen Worten liegt Staunen. Einmal haben die Jünger Jesus so angeredet: Meister, sieh mal, was sind das für Steine und Bauten! Damals staunten sie über den Tempel in Jerusalem. Worüber staunt Johannes hier?" Die Formulierung des Staunens im

Text leitet in die Predigt hinein. Botschaft ist, dass die ganze christliche Existenz mit der Gewissheit der Gotteskindschaft, der Erwartung der Herrlichkeit der Neuschöpfung und der Heiligung des Lebens in der Liebe Gottes in Christus wurzelt, über die man nie genug staunen kann.

Oder im Text findet sich etwas Merkwürdiges, etwas Ungewohntes, das zu Erwartung oder Fragen Anlass gibt. Damit wird eine Spannung geweckt, die die Predigt lösen wird.

Zu Hes 8,7-12: „Hesekiel wird von Gott an eine bestimmte Stelle der Mauer der Tempelgebäude geführt. Er entdeckt dort eine Öffnung. Er bricht hindurch. Es ist ein Eingang. Eine Geheimtür. Ohne Gott hätte er diese Tür nie gefunden. Etwas ganz Verborgenes bekommt er zu sehen. Was ist es? Was jeder ganz geheim tut. Worüber man nicht redet. Götzendienst. Dabei sind sie nach außen anständige Leute." Diese Einleitung knüpft an eine merkwürdige Textaussage an. Sie leitet hin zu der Erkenntnis, dass unsere Anständigkeit ihre geheimen Löcher hat. Die Predigt zeigt dann Gottes Ausweg aus solcher Zwiespältigkeit.

Es kann auch ein Wunsch, der oft mit einer Stimmung verbunden ist, aus dem Text heraus geweckt werden.

Zu einer Predigt über 1 Tim 3,13: „Dieser Text enthält drei Aussagen. Erstens, seinen Dienst gut ausrichten. Zweitens, sich ein hohes Ansehen erwerben, etwas darstellen. Drittens, im Glauben voller Mut und Freude sein. Welche Aussage gefällt euch am besten?" Die dritte Textaussage weckte unter den christlichen Hörerinnen und Hörern Erwartungen nach frohem Glaubensleben. Das ist auch Ziel der Predigt. Sie wissen, worüber gesprochen wird. Zugleich werden sie gefühlsmäßig eingestimmt. Sie erfahren auch die drei Gliederungspunkte der Predigt. Beginnend mit Freimut im Glauben, also in umgekehrter Reihenfolge als der Text, werden die drei Aussagen behandelt.

Vom Text her kann man auch beginnen, indem das Geschehen des Textes so erzählt wird, dass sich die Zuhörenden in der Handlung der Bibel wiederfinden. Das ist eine der besten Möglichkeiten der

Einleitung. Dazu ist hilfreich, aus dem Blickwinkel der Person zu erzählen, mit der sich die Hörenden identifizieren sollen.

Zum Gleichnis vom verlorenen Sohn Lk 15,11-24: „Was war das Motiv des Sohnes, zu seinem Vater zu gehen und die Hand auszustrecken? Lange, bevor er zum Vater kam, dachte er: Ich hab zwar hier zu Hause alles, was ich brauche. Und der Vater ist ein guter Mann. Aber das Entscheidende, worum es letztlich geht, das kann ich bei ihm hier nicht finden. Was ist das Entscheidende? Dass ich selbst eines Tages erwachsen und mündig werde. Dass ich selbst eines Tages Herr im eigenen Hause bin und nicht immer am Gängelband meines alten Herrn handle, nicht immer umgeben bin von den Zeichen: Das sollst du, das sollst du nicht. Wie kann ich da überhaupt ein erwachsener, ein mündiger Mensch werden? Um das geht es ja. Jeder Mensch möchte – und soll ja auch – Herr im eigenen Haus seines Lebensgebäudes sein." Das Geschehen wird aus der Sicht des jüngeren Sohnes erzählt. Das Streben nach Selbständigkeit wird gleichzeitig positiv gewertet. So kann der Hörer oder die Hörerin sich darin wiederfinden.

So wird der Text aktuell. Die Zuhörenden gewinnen Interesse an dem, was kommt.

4.2 Beginn von der Situation der Zuhörenden her

Eine andere Möglichkeit der Einleitung geht von der Situation der Hörerinnen und Hörer aus. Etwas aus ihrem Leben wird aufgenommen. Es kann ein Problem des Glaubens, des Gemeindelebens, der Gesellschaft oder des Alltags sein. Zeitereignisse können angesprochen werden. Erwartungen der Zuhörenden an die Predigt, an den Glauben, an Gott können offen gelegt werden. Dann wird der Predigttext erst nach der Einleitung gelesen.

Eine Predigt greift folgende Not auf: „In unserem Liederbuch finden wir eine Strophe, die lautet so: Er führt mich, das Herze singt; o Wort, das selge Ruhe bringt. Was ich auch tu, wo ich auch bin, da führet Gottes Hand mich hin ... Können wir immer voller Freude von den Führungen Gottes singen?

Kennen wir nicht auch Situationen, in denen wir uns nicht geführt fühlen, sondern eher getrieben; gezwungen, in eine Richtung zu gehen in die wir eigentlich nicht wollen. Ich kann mich wehren mit Händen und Füßen und kann doch nichts dagegen tun. Wie lebe ich mit dem Gefühl, hilflos zu sein, wenn die Frage in mir brennt: Wo läuft das noch hin?" Es folgt der Text. Die Predigt legt die Josephsgeschichte aus. (1 Mose 37; 39-46)

Damit das Problem nicht nur theoretisch vorgelegt wird, kann auch ein Erlebnis am Anfang erzählt werden. Mit einer Erfahrung oder einem Zeugnis zu beginnen, ist eine beliebte Methode.

„Als ich neulich abends nach Hause ging, lag ein Mann auf der Straße. Er war betrunken. Wie andere ging ich auch vorüber. Doch dann erschrak ich über mich selbst: Bin ich so gleichgültig? Denke ich nur an mich selbst? Ich schämte mich, dass ich vorbeigegangen war. Ich ging zurück und brachte den Betrunkenen nach Hause. Aber es blieb das Erschrecken darüber, wozu ich fähig bin. Ich bin über mich selbst enttäuscht." Es folgt eine Predigt über 1 Mose 4,1-16 mit der Botschaft, dass Gott auch den Schlimmsten nicht aufgibt, das Gespräch nicht abbricht.

Wer zuhört, muss aus der Erzählung am Anfang nicht nur erkennen können, worum es gehen wird, sondern muss sich selbst auch wiederfinden. Die Reaktion soll sein: „Ja, so geht es mir auch." Sonst wird aus der Erzählung ein peinliches Mitteilen privater Probleme der Verkündigerin oder des Verkündigers. Das ist unbedingt zu vermeiden.

Jede Erfahrung, Erzählung oder bildhafte Verdeutlichung am Anfang der Predigt hat eine Gefahr: Wer sie hört, weiß noch nicht, was das Erzählte mit der Predigtbotschaft zu tun hat. Sie muss ja erst noch entfaltet werden. So kann es leicht geschehen, dass sich die Geschichte verselbstständigt. Dann erinnert man sich an die Geschichte, weiß aber nicht mehr, *warum* sie erzählt wurde. Je spannender die Geschichte, desto größer ist diese Gefahr. Deshalb ist es wichtig, in der Predigt auf die Anfangsgeschichte erklärend zurückzukommen.

4.3 Beginn vom Empfinden her

Die Predigt wendet sich nicht nur an den Verstand. Ihre Botschaft ist auch mit Empfindungen verbunden. Schon die Einleitung kann die Stimmung vermitteln, die dann die ganze Predigt prägt. Das kann den Zuhörenden helfen, die Botschaft besser aufzunehmen. Eine Erzählung kann die Gemeinde vom Empfinden her einstimmen auf die Predigtbotschaft. Oder es wird mit einigen Sätzen auf die gefühlsmäßige Seite der Textbotschaft verwiesen.

Eine Andacht in der Adventszeit beginnt so: „Zu Weihnachten ist die Welt wie verzaubert. Da ist eine einfache Familie, Vater, Mutter, ein Kind in Windeln, so wie überall. Doch darüber scheint ein Stern. Da sind Menschen bei ihrer Berufsarbeit, Schafzucht, wie sie es das ganze Jahr tun. Aber auf einmal gibt es ein Leuchten und Singen zu ihrer Arbeit. Menschen in großer Unsicherheit hören: Habt doch keine Angst! Es kommt Besuch von weither. Sie packen aus, was sie mitgebracht haben. Arme Leute bekommen Gold geschenkt." Es folgt eine Andacht, die das Recht dieses besonderen Glanzes unterstreicht. Denn wir brauchen solche Glanzlichter im Leben. Und Gott hat unsere besten Ideale und Wünsche zu seinem Ziel für uns gemacht. In Jesus hat er bereits mit der Verwirklichung begonnen. Was wie ein Traum scheint, wird Realität. Den „nüchternen Alltag" ohne Gottes Licht gibt es nicht mehr, er ist zur „Illusion" geworden.

Eine Predigt über das Wesen der Gemeinde wird eingeleitet, indem ein Gefühl der Zusammengehörigkeit geweckt wird. „Ist jemand hier, der gestern oder in der Woche fürchten musste: Ob ich wohl beim Gottesdienst dabei sein kann? Vielleicht dachte jemand: Ob ich wohl gesund genug sein werde? – (Jemand meldet sich.) Wir freuen uns, dass du mit uns zusammensein kannst. – Eine alte Glaubensschwester bekannte mir einmal kurz vor ihrem Tode, welchen einzigen großen Wunsch sie noch hatte: Ich möchte noch einmal dabei sein zu einem großen Jahresgottesdienst, wo sie aus dem ganzen Bezirk zusammenkommen. Sie hat es nicht mehr erlebt. Wir gehören heute hier alle zusammen. Auch wer zum ersten Mal da ist, ist hineingenommen. Stehen wir nicht alle als Neue und Lernende vor Gottes Wort? Wir sind wie eine große Familie. Und unsere Gäste nehmen wir herzlich in die Familie auf."

Es muss in der Hörerin und im Hörer die Stimmung geweckt werden, die aus dem Text kommt und der Botschaft genau entspricht. Sie kann die ganze Predigt hindurch tragen.

5. Welche Aufgaben hat der Predigtschluss?

Die Predigt ist Wegleitung. Wer predigt, ist mit den Zuhörenden ein Stück gemeinsam gegangen. Am Ende der Predigt werden sie nun entlassen. Dabei wird ihnen der weitere Weg gewiesen. Aus der bisher gemeinsam gegangenen Strecke ergibt sich eine klare Richtung für die Zukunft. Der Predigtschluss zieht also die Folgerungen aus der Predigt für die Zukunft.

Weil wir die Predigt auch für uns selbst gehalten haben, werden wir uns auch unter die Konsequenzen stellen. Haben wir in der Predigt vor den Hörern gestanden und ihnen Gottes Botschaft gesagt, so stehen wir am Ende wieder mit ihnen in einer Reihe. Nun gehen alle wieder in den Alltag hinaus.

Merke: Der Predigtschluss entlässt die Hörerinnen und Hörer aus dem gemeinsamen Predigtweg und weist die Richtung für die kommenden Tage.

6. Wie kann der Schluss gestaltet werden?

Wenn die Gemeinde merkt, dass die Predigt zu ihrem Ende kommt, steigt noch einmal die Aufmerksamkeit. Manche Redner machen sich das zunutze und kündigen den Schluss an oder erwähnen, dass jetzt der letzte Gedanke, der letzte Text kommt, um müde Hörerinnen und Hörer wieder zu wecken. Das ist eine schlimme Unsitte. Wenn die Predigt gut aufgebaut ist, merkt der Zuhörende von selbst, wenn sich die Gedanken abrunden.

Merke: Der Schluss wird nicht angekündigt.

Den Schluss schreiben wir wieder möglichst wörtlich auf. Jetzt sollten noch einmal entscheidende Sätze kommen. Die Predigtbotschaft ist nun entfaltet und klar vor Augen. Man kann sie in einem Kernsatz zusammenfassen. Zugleich können Schlussfolgerungen gezogen werden. Aus der Botschaft ergeben sich Konsequenzen für das Leben. So kann der Schluss der Predigt zur Entscheidung rufen. Wer predigt, stellt sich dabei selbst unter den Ruf und trifft seine Wahl: „Wählt euch heute, wem ihr dienen wollt. Ich aber und mein Haus wollen dem Herrn dienen." (Jos 24,15)

Auch Aufforderungen zum Handeln ergeben sich aus der Predigt: „Wenn das so ist, dann können wir dies nicht mehr tun." Oder: „Diese Botschaft ist wahr. Also können wir es jetzt so machen." Sind die Aufforderungen ganz klar aus der Botschaft herausgewachsen, können sie kurz und deutlich gegeben werden.

Oft ist schon innerhalb der Predigt eine Reaktion auf die Botschaft möglich und nötig. Wenn wir von der Predigt eine Wirkung erwarten, dann wird nach einer Freudenbotschaft ein Ausdruck der Freude, nach einer Bußpredigt ein Bekenntnis im Predigtschluss stehen. Gemeinsam mit der Gemeinde wird die Predigerin oder der Prediger am Schluss das Ergebnis der Predigt ausleben. Wir fragen also: Was ist das Resultat der Predigtbotschaft? Wie gestaltet sich daraus der Schluss der Predigt? Wird es ein Loblied sein? Oder werden wir einander um Vergebung bitten? Sind es Dankgebete, Bekenntnisse zu Jesus oder ist es Händedrücken, was die Predigtbotschaft auslöst? Welche Entschlüsse werden gefasst? Wenn Gottes Wort zu hören war, muss doch eine Wirkung zu erkennen sein. Im Schluss wird erkennbar, dass die Verkündigerin oder der Verkündiger mit einer Wirkung rechnet.

Merke: Der Schluss zieht Folgerungen aus der Botschaft, weil Gottes Wort eine Wirkung hat.

Wiederhole in diesem 5. Kapitel, Teil A, den 5. und 6. Abschnitt.

6. KAPITEL: MEHR ALS WORTE

Teil A: Predigt fordert heraus

Übersicht

1. Was soll dieser Abschnitt erreichen?

Die Predigt ruft Gottes Taten aus. Sie lässt einen Blick in Gottes Herz tun. Dadurch schafft sie eine neue Situation für die Hörerin oder den Hörer. Die Welt hat ein anderes Gesicht bekommen. Es ist, als ob ein Reisender erfährt: Du bist im falschen Zug. Der Zug, die freundlichen Mitreisenden, ja selbst die vorbeifliegende Landschaft vor den Fenstern, alles sieht plötzlich fremd und beunruhigend aus. Oder ein einsamer Mensch empfängt die Botschaft: Du bist geliebt. Die Vögel singen lauter, das Licht ist intensiver, ein Lächeln liegt in der Luft. So ist es, wenn Gott spricht: Es geschieht etwas (Ps 33,9). Predigt ist Gottes Schöpferwort (vgl. 5. Kapitel, Teil A).

Eine neue Lage fordert eine Reaktion. Was kann der Mensch tun, nachdem Gottes Wort seine Welt verändert hat? Was *soll* er tun? Auf welches Handeln zielt die Predigt? Diese Fragen werden im vorliegenden Abschnitt bedacht.

2. Gottes Wort nötigt zu einer umfassenden Antwort

Menschliche Worte können ohne Antwort verhallen. Jeden Tag hören wir viele Stimmen. Wir erfahren mancherlei Neuigkeiten. Wir nehmen zur Kenntnis, was da gesagt wird – und gehen zur Tagesordnung über. Eine Dürrekatastrophe bringt Hunger über Tausende. Ein Verkehrsmittel der Zukunft wird erprobt. Machtkämpfe politischer, religiöser oder nationalistischer Gruppen stürzen ein Land ins Chaos. Solche Nachrichten hören wir jeden Tag. Und wenn wir sie gehört haben, sehen wir dann die Welt mit neuen Augen? Das gewohnte Bild. Wie sollten wir da aus den gewohnten Handlungen ausbrechen?

Auch eine religiöse Rede kann ohne Antwort bleiben, nämlich dann, wenn sie nur menschliche Gedanken und Meldungen bringt. Aber Gottes Wort der Predigt ist schöpferisch. Es wandelt die Lage. Darauf *müssen* wir reagieren. Keiner kann weiterleben, als wäre nichts gewesen. Die Reaktion kann verschieden ausfallen. Aber sie kann nicht ausbleiben. Selbst dann, wenn wir nicht anders handeln als vorher, tun wir doch nicht dasselbe. Es ist *ein* Tun, in einem Zug zu sitzen und sich auf eine Ankunft zu freuen, und ein *anderes* Tun, immer noch darin sitzen zu bleiben, nachdem sich zeigte, dass er in die falsche Richtung fährt. So fordert die Predigt die Hörerinnen und Hörer zur Antwort heraus. Sie müssen Farbe bekennen.

Was werden sie tun? Werden sie den vorgetragenen Gedanken zustimmen? Werden sie Entschlüsse fassen, die dem Leben eine neue Richtung geben? Werden Taten folgen, wird Falsches gelassen, Neues begonnen? Werden sie daraus eine neue Einstellung gewinnen zum Leben, zu den Menschen, zu sich selbst, zu Gott? Aber vielleicht lehnt sich auch jemand gegen den Anspruch Gottes auf, ärgert sich, verhärtet sich, greift sogar den Prediger an. Gottes Wort bleibt nicht wirkungslos. Es ist verbindlich. Es nötigt zu einer umfassenden Lebensantwort. Es bewegt etwas zum Guten oder zum Schlechten.

Merke: Gottes Wort bewegt die Hörerin oder den Hörer zum Glauben, oder es verhärtet.

Wann fällt die Entscheidung? Neue Bedingungen verlangen, sich sofort darauf einzustellen. Selbst wer vorerst nichts ändern und später entscheiden will, trifft eine Entscheidung. Das bedeutet, dass die Hörerin oder der Hörer nicht irgendwann danach, sondern noch während der Predigt eine erste Antwort gibt: Entweder beginnt eine Bewegung in Richtung auf das Ziel des Wortes Gottes, oder es beginnt eine Auflehnung gegen den Anspruch des Wortes.

Merke: Noch während der Predigt sind die Hörerinnen und Hörer zu einer Antwort gefordert.

3. Predigt ruft zum Glaubensgehorsam

Einer Predigerin oder einem Prediger kann nicht gleichgültig sein, welche Entscheidung die Zuhörenden treffen. Wer das Evangelium verkündigt, kann nicht so ungerührt predigen wie Jona, dem es nichts bedeutete, dass seinen Hörern das Gericht drohte (Jona 3 und 4). So erwartete er auch keine Reaktion auf seine Verkündigung. Damit war er weit von Gott entfernt (Jona 4,10.11). Wie anders Paulus: Er mahnte und bat seine Hörer (2 Kor 5,20). Er scheute keine Mühe. Er ging auf die Menschen in ihrer Unterschiedlichkeit ein, um so viele wie möglich zu gewinnen (1 Kor 9,22).

Woher hatte er die Kraft zu solchem Einsatz? „Alles tue ich um des Evangeliums willen." (1 Kor 9,23) Was heißt das? Nach einer belanglosen Information kann man die Haltung einnehmen: „Ich habe es ihnen gesagt, nun ist es ihre Sache, was sie daraus machen." Können wir so das Evangelium predigen? Wo es doch um Glück und Unglück, Leben und Tod geht!

Wer das Evangelium predigt, will ein Ziel erreichen wie ein Steuermann das rettende Land. Er kämpft gegen die Wogen des Unglaubens, gegen den Sog der Trägheit. Er steuert die Predigt um die Riffe, auf denen man festsitzt, hoffend auf eine bessere Gelegenheit zur Entscheidung, bis der Sturm der Zeit das Schiff zertrümmert hat. Wer predigt, ringt um die Zustimmung der

Hörerinnen und Hörer, um den Gehorsam, der aus dem Glauben kommt.

So predigen wir, weil wir etwas erreichen wollen. Schon während der Predigt sollen die Zuhörenden andere werden: „Was sollen wir tun?", fragen sie, weil das Gehörte zum Tun drängt. Für ihr Handeln haben sie ein neues Ziel. Sie gewinnen neue Einstellungen. Ob das nicht schon im Singen hörbar, am Umgang mit den anderen beim Hinausgehen sichtbar werden wird? Und es wird sich im Alltag bewähren.

Wir predigen nicht ziellos. Wir sagen nicht gleichgültig unseren Spruch. Wir wollen, dass die Menschen glauben.

Merke: Wir ringen in der Predigt um den Glauben der Hörerinnen und Hörer.

4. Die Freiheit der Hörenden bleibt gewahrt

Predigt erfordert eine umfassende Antwort der Hörenden. Aber sie legt die Antwort nicht fest. Nach einer Predigt des Paulus gab es unterschiedliche Reaktionen (Apg 17,32.34). „Einige hatten ihren Spott." Auch persönliche Angriffe hat Paulus als Antwort auf seine Predigt erlebt. Predigt kann also abgelehnt werden. Sie will die Entscheidungskraft nicht lähmen wie eine Gehirnwäsche. Sie will überzeugen. Sie wendet sich an den ganzen Menschen, sie setzt alles ein, die Hörerin oder den Hörer zu gewinnen. Alles, das heißt, auch den Willen, die Entschlusskraft. Wie könnte Predigt da an der freien Entscheidung und echten Überzeugung der Zuhörenden vorbei? Predigt lässt Raum für ein Nein.

„Einige sagten, wir wollen dich davon ein andermal hören." Auch das ist eine Antwort auf die Predigt. Ist sie neutral. Ist alles offen? Meist wird das Ausweichen vor der Entscheidung einer Ablehnung gleichkommen. Und dennoch hat Paulus die Leute nicht unter Druck gesetzt. Nicht er als Verkündiger macht die Entscheidung dringlich. Die Predigtbotschaft, die eine neue Situation schafft, sie ist es, die zur Entscheidung ruft.

„Etliche aber hingen ihm an und wurden gläubig." Die Predigt weckt Glauben, sie erreicht ihr Ziel. Das liegt an der Kraft der

Botschaft, nicht an der Kraft des Redners. Unser Wissen, unsere Glaubwürdigkeit, unsere Gabe zu reden, alles wollen wir einsetzen, dass die Botschaft von den großen Taten und dem liebenden Herzen Gottes verstanden wird. Diesem Evangelium dienen wir.

Merke: Alle Redekunst setzen wir ein, um die Botschaft zu verdeutlichen, nicht um die Hörerin oder den Hörer zu manipulieren.

Teil B: Predigen kann, wer lebt, was er sagt

1. Was soll dieser Abschnitt erreichen?

Als Verkündiger frage ich mich: Kann Gott meine Predigt gebrauchen? Werden die Zuhörenden zum Glauben geführt? Gott kann eine Predigt auch dann gebrauchen, wenn jemand spricht und dabei nur wenig überzeugend wirkt. Andrerseits haben Predigerinnen oder Prediger, die als Person von der Hörerschaft angenommen sind, den Predigterfolg nicht sicher. Dass eine Predigt Gottes Wort für die Zuhörenden wird, ist nicht verfügbar. Und doch möchte ich mit Vollmacht predigen. Was ist Vollmacht?

2. Vollmacht ist Übereinstimmung von Reden und Tun

Die gute Nachricht, die wir in der Predigt zu sagen haben, verdient angenommen zu werden. Sie ist wahr. Gute Gründe sprechen dafür. Viele Erfahrungen bestätigen sie. Sollte das nicht ausreichen, dass die Predigt überzeugend ist? Es reicht nicht aus. Wenn eine Nachricht übermittelt wird, kann nie von den Personen abgesehen werden, die bei dieser Übermittlung beteiligt sind. Überzeugungskraft kommt nicht nur aus der Botschaft, sondern auch von der Glaubwürdigkeit des Menschen, der spricht. Stellen wir uns vor, jemand denkt, während er einem Prediger zuhört:

„Der muss ja so reden. Er muss vor der Gemeinde sagen, was von ihm erwartet wird. Und noch viel mehr muss er so reden, wenn er von Beruf Prediger ist. Dann wird er sogar dafür bezahlt." Wird dieser Gedanke für die Predigt nicht sein, was ein Nagel in einem Autoreifen ist? Die Aussagen der Predigt sind entwertet, indem der Prediger als unglaubwürdig angesehen wird.

Die Predigt wird nur dann bereitwillig angenommen, wenn der Sprecher glaubwürdig ist, wenn er hinter den Aussagen steht. Was ihn selbst ergriffen hat, kann er ergreifend weitersagen. Nur wenn das Wort tief in die Sprecherin eingedrungen ist, kann sie es tiefenwirksam predigen. Wenn sie zur Änderung bereit ist, kann sich durch ihr Wort bei anderen etwas ändern.

Wiederhole dazu im 4. Kapitel, Teil B, den 2. und 3. Abschnitt!

Verkündiger des Evangeliums nehmen also die Botschaft in ihr eigenes Leben hinein. Sie handelt danach. So stimmen Sprechen und Handeln überein. Diese Übereinstimmung macht die Vollmacht von Predigerinnen und Predigern aus. Sie verstehen etwas von dem, wovon sie reden. Sie haben probiert, was sie empfehlen. Sie stehen als Zeuge dafür ein.

Jesus predigte mit Vollmacht, weil er nicht nur von der Liebe Gottes sprach, sondern so erfüllt davon war, dass es an seinem Umgang mit den Menschen zu sehen war. Er ermutigte nicht nur die Zuhörer zum Vertrauen auf Gott als dem Vater, er selbst vertraute unbeirrbar auf Gott. Er redete nicht nur von Demut, er war von Herzen demütig. So predigte sein ganzes Leben und stimmte mit seinen Worten zusammen.

Aber bleibt nicht bei uns allen das Tun hinter dem zurück, was wir als richtig erkannt haben? Wer könnte dann predigen? Wenn wir auch nicht vollkommen sind, so können wir doch echt sein. Die Schwachheiten zu verstecken hilft nicht. Eine besondere Verkündigerrolle zu spielen erhöht nicht, sondern vermindert die Kraft der Predigt. Es wäre wie ein Verteilen ungedeckter Schecks. Was nützen da große Beträge? Wahrhaftigkeit macht unser Zeugnis glaubwürdig. Predigerin oder Prediger zu sein ist uns keine Fassade, hinter die niemand mehr schauen darf. Durch das, was wir vor der Gemeinde sagen, tönt unsere Person hindurch. Nicht, dass wir uns selbst zum Thema machten. Aber wir verbürgen uns für unser Thema mit unserem Leben.

Merke: Besser weniger sagen, aber mit dem Leben dahinter stehen, als große, aber praxisferne Richtigkeiten.

3. Der Hörer hört, wie der Redner lebt

Wer zu Menschen redet, kann sich nicht verstecken. Wer predigt, offenbart sich selbst. Auch wenn die Predigt ganz auf ihren Text konzentriert ist, so ist doch die Person der Sprecherin oder des Sprechers erkennbar. Was ein Verkündiger sagt, welche Gedanken er aus dem Text entnommen hat, was ihm wichtig geworden ist, wie er ihn verstanden hat, das alles ist beeinflusst von seinem Wesen. Wenn eine Verkündigerin einen Text deutet, dann sagt sie immer auch, was ihr der Text bedeutet, wie sie sich vom Text gedeutet findet. Predigt ist also nicht nur das, was die Sprecherin oder der Sprecher sagt, sondern auch die ganze Person, die Einstellung, die Haltung, das Leben. Und die Predigt, die das Leben hält, ruft lauter, als die Worte sprechen.

Wer zuhört, nimmt die innere Haltung und Stimmung wahr, die von der redenden Person ausgeht. Kann eine gute Erfahrung berichtet werden, strahlt Freude oder Dankbarkeit aus vom ersten Satz an. Ist jemand Gott und seiner Herrlichkeit begegnet, wird das Gesicht leuchten (2 Mose 34,29-35).

Aber was mache ich als Predigerin oder als Prediger, wenn meine Stimmung gar nicht zur Predigtaussage passt? Ich predige vielleicht über Gottes Liebe, aber irgendein Ärger ist in mir und ist so deutlich zwischen den Zeilen zu lesen, dass er die Botschaft überdeckt. Ohne es zu merken, spreche ich mit scharfer Stimme, mit geballter Faust oder erhobenem Zeigefinger. Mein Ärger wird verstanden, Gottes Liebe nicht. Vielleicht sage ich ermutigende Worte, aber in mir hat sich Resignation breitgemacht. So kämpfen meine Worte gegen meine innere Haltung an. Die Resignation wird bei der hörenden Gemeinde ankommen, nicht die Ermutigung. Denn auf vielfältige Weise signalisieren wir alle ohne Worte, wie uns zumute ist. Und wenn es in uns leer ist, wir müde sind, ausgebrannt? Wenn unser praktisches Leben wenig vom Glauben merken lässt? Auch das kommt bei den Zuhörenden an. Da hilft es auch nichts, wenn wir uns durch den Platz hinter dem Pult zeitweilig in eine ganz andere Existenz heben lassen. Wir sprechen dann mit besonderem Nachdruck. Wir nehmen für den Moment eine „Evangeliumshaltung" ein mit Freude und Glauben und allem, was dazugehört. Wir meinen es sogar ernst in diesem Augenblick. Es hilft nichts. Die Hörerinnen und Hörer empfinden all unser Pathos wie einen großartigen, aber leeren Rahmen. Was da fehlt, wird um so deutlicher.

Wie wir uns in der Familie, in unbeobachteten Augenblicken, in Auseinandersetzungen mit Andersdenkenden verhalten, wie wir unserem Beruf nachgehen, was wir für Wünsche haben, wie wir mit Geld umgehen, all das gestaltet unsere Predigt mit. Wenn wir nach vorn gehen, um zu sprechen, dann nehmen wir mit, was wir erlebt haben, was wir sind und was wir sein möchten. Wer predigt, gibt sich ganz.

Merke: In der Predigt redet unser Mund und schreit unser Leben und Tun.

4. Das Leben ist der Schlüssel für alles Reden von Gott

Wenn wir in der Predigt von Gott reden, verwenden wir Bilder. Das geht auch gar nicht anders, denn wir können Gott nicht definieren oder erklären. Wir sagen, er ist unser Vater. Aber damit haben wir nicht Gott in seinem Wesen erklärt. Er ist mehr als das Wort „Vater" sagt. Er ist auch ganz anders, als menschliche Väter sind. Das ist besonders wichtig für die, die einen ungerechten, einen lieblosen und untreuen Vater hatten. „Vater" ist also ein Bild für Gott, das auch leicht missverstanden werden kann. Oder wir sagen, dass Gott unsere Schuld bezahlt. Auch das ist ein Bild. Dürfen wir es so verstehen, dass wir unserer Wege gehen können, wenn die Schuld beglichen ist? Sind wir nun quitt mit Gott und haben nichts mehr mit ihm zu tun? Das ist doch ganz falsch! Bilder können nicht alles erklären. Sie machen einen Gesichtspunkt deutlich. Wenn man diesen Gesichtspunkt nicht erkennt, die Bilder also falsch versteht, leiten sie in die Irre.

Woher aber weiß der Hörer, dem wir von Gott in Bildern erzählen, welchen Gesichtspunkt wir mit dem Bild meinen? Er müsste doch Gott schon etwas kennen, um das Bild richtig zu deuten. Wir müssten ihm Gott zunächst ohne Bild erklären. Das geht aber nicht. Wir stecken in einem Problem.

Es ist das Problem, das die Leute hatten, wenn sie Jesu Gleichnissen zuhörten. Auch das sind ja Bilder für Gott und sein Reich. Auch Jesus konnte nicht anders als in Bildern von Gott reden, weil Gott unerklärlich ist. Wie sind die Gleichnisse zu deuten? Sie können richtig verstanden werden, wenn wir beachten, *wer* sie erzählt. Jesus ist mit seinem Leben, mit seinem Handeln an den Menschen, mit seinem persönlichen Umgang mit Gott die Erklärung der Gleichnisse. Wenn wir sie von ihm lösen wollten, blieben sie unverständlich. Wäre es denn akzeptabel, dass ein Vater seinen Sohn aufnimmt, als wäre nichts geschehen, wo dieser doch nicht nur das Geld, sondern auch den guten Ruf der ganzen Familie vertan hat (Lk 15,11-32)? So etwas gibt es doch gar nicht! Niemandem nähmen wir diese Geschichte ab. Nur Jesus kann das erzählen – weil er selbst so handelt. Kann man denn wirklich denjenigen loben, der sich über alle Normen hinwegsetzt und eine letzte Gelegenheit beim Schopf packt, sein Schäfchen ins Trockene zu bringen (Lk 16,1-9)? Wenn es nicht Jesus wäre, der uns das erzählt, wir wären entrüstet. Aber Jesus zeigt, was er meint, indem er selbst hinderliche Normen und Traditionen durchbricht, weil es jetzt nur darauf ankommt, Gottes Reich zu gewinnen.

Was wir auch über Gott sagen, wie wir es auch immer erklären wollen – man wird es uns nicht abnehmen, wenn unser Leben nicht zeigt, wie es gemeint ist. Denn Gott können wir nicht begreifen, erklären, einer Zuhörerin oder einem Zuhörer vorführen. Wir können bildhaft ausdrücken, was wir mit Gott erlebt haben. Wir können Vergleiche bringen, die erklärt werden durch unser Handeln.

Merke: Weil Gott nicht erklärbar ist, muss unser Leben die Bilder deuten, mit denen wir von Gott sprechen.

Teil C: Den ganzen Menschen ansprechen

1. Was soll dieser Abschnitt erreichen?

Zur Predigtvorbereitung gehört, dass wir uns um gedankliche Klarheit mühen. Wir haben bisher eine Predigtaussage herausgearbeitet, dafür eine Formulierung gefunden, den Predigtweg in logische Schritte aufgegliedert (siehe 4. Kapitel, Teil C). Der Verstand ist sozusagen vorausgewachsen. Würden wir die Predigt jetzt halten, wäre sie etwas „kopflastig". Es soll aber nicht nur der Verstand der Hörenden angesprochen werden. In diesem Abschnitt holen die anderen Bereiche auf, die auch zum Menschsein gehören. Die Vorstellungen, die Gefühle, das Wollen werden in die Predigt einbezogen. Das Wort soll ins Herz gehen, das Empfinden bewegen. Taten sollen folgen. Jetzt bekommt die Predigt die richtigen Proportionen, so dass die Hörerinnen und Hörer als ganze Menschen angesprochen werden.

2. Anschauliche Predigt geht ins Herz

2.1 Wir verwenden Beispiele und Bilder

Bilder haben eine große Wirkung. Sie sprechen tiefer an als Begriffe. Daher ist eine anschauliche Rede viel wirksamer als eine abstrakte Darstellung. Wie großartig ist das, wenn mit Worten Bilder gemalt werden, wenn man beim Zuhören „mit den Ohren zu sehen" vermag. Jesus konnte so predigen. Seine Rede war voller Bilder, voller Leben und Wirklichkeit.

Anschaulichkeit kann zwei verschiedene Funktionen haben.

• Konkretes und beispielhaftes Reden stellt die Predigtaussage mitten ins Leben

Anschauung dient erstens dazu, das bunte Leben in die Predigt zu holen. Wie blass wäre es, hätte Jesus gesagt: „Die Menschen finden Heil." Wer kann sich darunter etwas vorstellen? Wie viel anschaulicher ist dagegen: „Blinde sehen, Lahme gehen, Aussätzige werden rein, Taube hören, Tote stehen auf, den Armen wird die Freudenbotschaft gebracht!" (Mt 11,5) Nicht ein allgemeiner Begriff („Heil"), sondern konkrete Erfahrungen werden benannt. Unser Leben ist nicht von dürren Begriffen umgeben, sondern von Dingen, die man sehen und anfassen kann. So sollten wir auch predigen.

Und wenn nicht alle Möglichkeiten angesprochen werden können, so bringen wir nicht nur einen unanschaulichen Begriff, sondern auch ein Beispiel. Auf die Frage: „Wer ist mein Nächster?", antwortete Jesus auch nicht mit einer theoretischen Erörterung, sondern erzählte eine Beispielgeschichte (Lk 10,29-37). Warum sollten wir nur von „Dienst" reden, wenn ein Krankenbesuch gemeint sein könnte? Warum nicht lieber ein Beispiel erzählen, statt allgemein die „rettende Kraft des Glaubens" zu beschwören?

Merke: Konkretes und beispielhaftes Sprechen macht die Predigt wirklichkeitsnah.

Ein Beispiel fordert zum eigenen Denken heraus. Zuerst müssen die Hörerinnen und Hörer erkennen, dass es sich um ein Beispiel handelt. Dann ergänzen sie für sich die Fülle der nicht genannten Möglichkeiten. Etwa zum Begriff „Dienst" gibt es ja außer dem Krankenbesuch noch vieles andere. Diese Ergänzung gelingt um so besser, je mehr die Zuhörenden mit dem Beispiel anfangen können, je mehr es etwas mit ihrem Leben zu tun hat. Welches Beispiel also ist gut, welches nicht? „Das Evangelium kann Menschen völlig ändern. Da habe ich von einem Volksstamm im Urwald Afrikas gelesen . . ." Das mag ja großartig sein, aber es ist weit weg, dazu noch angelesen. Ein Beispiel von Menschen aus dem Nachbarhaus, wirkt viel stärker. Ebenso verhält es sich mit Beispielen großer Männer. Dass Persönlichkeiten wie Albert Einstein oder Bertolt Brecht die Bibel geschätzt und gelesen haben, beeindruckt weit weniger, als wenn mein Arbeitskollege angefangen hat, darin zu lesen. Es genügt nicht, dass das Beispiel ein Stück Wirklichkeit der Welt in die Predigt bringt. Es muss die Wirklichkeit *der Hörerinnen und Hörer* sein.

Beispielgeschichten sollte man nicht erfinden. Das widerspricht ihrer Funktion. Sie sollen ja wirkliches Leben abbilden. Wie könnten sie das, wenn sie nicht wahr wären? Beispiele finden wir, wenn wir mit dem Leben der Mitmenschen vertraut sind, wenn wir mit beiden Beinen in ihrer Wirklichkeit leben. Sie fallen uns ein, wenn wir den Text mit der Wirklichkeit zusammenhalten und fragen, was uns seine Aussage angeht (vgl. 3. Kapitel, Teil C).

Merke: Je näher sie dem Leben der Hörer sind, desto wirksamer sind Beispiele.

• Vergleiche stellen die Predigtaussage vor Augen

Die zweite Funktion des anschaulichen Sprechens erlebten Jesu Zuhörer, wenn er ihnen Gleichnisse erzählte. Dass das Reich Gottes so unscheinbar mit kleinen Leuten beginnt, dass zunächst alles so menschlich zugeht, wie passt das mit dem großen Anspruch zusammen? Jesus antwortete: Wenn der Gärtner ein Samenkorn in den Boden legt, ist das auch sehr klein. Aber er vertraut auf die göttliche Schöpfermacht, die darin wirksam ist. Und am Ende wird daraus eine mächtige Pflanze. Jesus verwendete auch Bilder: Licht und Salz, Weg und Haus, Schatz und Dieb und viele andere. Ein Sachverhalt des Glaubens wird mit etwas Sichtbarem oder Erlebbarem verglichen. Dadurch wird Unanschauliches deutlich. Wie ist das möglich? Bild und Sache haben etwas gemeinsam. Bei der Pflanze ebenso wie beim Reich Gottes dürfen wir auf große Entfaltung setzen. Eine Lampe ist ebenso wie das Jüngersein auf Wirksamkeit für andere angelegt. Man muss die Gemeinsamkeit erkennen, dann hilft das Bild oder Gleichnis, einen Aspekt der Sache zu verstehen. Wo vorher nur unanschauliches Wissen war, „sieht" man nun durch das Bild klar.

Natürlich haben Bild und Sache auch ganz unterschiedliche Seiten. Wer einer Lampe zu nahe kommt, verbrennt sich. Das darf beim Jünger nicht so sein. Jeder Vergleich „hinkt". Daher darf man Bilder nicht zu weit ausdeuten wollen. Sie werden dann falsch. Es ist auch wichtig, dass den Zuhörenden nicht nur das verwendete Bild etwas bedeutet, sondern dass sie auch die Sache schon etwas kennen, die verdeutlicht werden soll. Sie wüssten ja sonst nicht, auf welchen Aspekt es ankommt. Ein Bild kann also eine vernünftige Erklärung nicht ersetzen.

Am wirksamsten sind solche Bilder, die für unser Leben einen tiefen Sinn haben, zum Beispiel Weg, Brücke, Haus, Brot, das Reifen der Frucht, das Strömen von Wasser, das Tragen von Kindern. Sie sprechen unser Innerstes an und lassen so die Glaubenssache, die sie verdeutlichen sollen, tief in uns hineinsinken. Technische Bilder sind oft leblos und kalt (Gebet als Telefon, Lebensführung als Autofahren). Auch lenken sie unser Denken oft auf die menschliche Leistung. Bilder aus der Schöpfung dagegen lassen die Grenze zwischen dem Machbaren und dem Nichtmachbaren deutlicher erkennen.

Wie finden wir gute Bilder und Gleichnisse? Viele stecken im Bibeltext. Oft sind sie nur mit einem Wort angedeutet: verborgene

Schätze, die wir heben, wenn wir den Text beackern (vgl. 2. Kapitel, Teil C, Abschnitt 3). Andere Bilder fallen uns ein, wenn wir um die Klarheit der Predigtaussage ringen (vgl. 3. Kapitel, Teil C, Abschnitt 3). Es ist also das Mühen um die *Sache*, das die Bilder und Gleichnisse schenkt, nicht so sehr ein Mühen um Bilder.

Merke: Dinge und Vorgänge mit tiefer Bedeutung für unser Leben sind als Gleichnisse von großer Kraft.

2.2 Wir unterstreichen die Hauptgedanken

Wenn in der Predigt eine Geschichte erzählt wird als Beispiel oder Gleichnis oder auf andere Art etwas anschaulich gemacht wird, dann ist das ein Unterstreichen einer Aussage der Predigt. Welche Aussagen unterstreichen wir? Natürlich die Kerngedanken, die Predigtbotschaft. Und wenn uns gerade zu einem Nebengedanken eine schöne Geschichte einfällt? Weglassen! Auch wenn es schwer fällt! Wie soll sich ein Mensch zurechtfinden, wenn die Nebenwege zu Hauptstraßen werden, und die wichtigen Verbindungen unscheinbar bleiben?

In einem Text würde niemand *jeden* Satz unterstreichen, weil ja dann nichts mehr hervorgehoben ist. Ebenso verkehrt ist es, in der Predigt immer eine Geschichte nach der anderen zu bringen. So ein „Bilderkino" ist nur Unterhaltung für die Hörerschaft, vielleicht, weil gar keine Hauptsache da ist. Ein oder zwei wirklich gute Beispiele oder Bilder, die an der richtigen Stelle eingeführt und dann immer wieder neu aufgenommen werden, wirken viel stärker.

Merke: Die Hauptgedanken sollen durch Beispiele oder Gleichnisse verstärkt werden.

Was ist die Hauptsache? Wir predigen das Evangelium, also eine positive Botschaft. Die Hauptsache ist die gute Nachricht Gottes für uns heute. Sie soll der hörenden Gemeinde so anschaulich wie möglich vor Augen gemalt werden. Das ist gar nicht so einfach. Für Missstände und Schwächen fallen uns viel leichter drastische

Bilder ein. Und Beispiele dafür haben wir genug. Wir wollen da vorsichtig sein. Was nicht gut ist, macht auch ohne Unterstreichung großen Eindruck. Negatives in der Predigt wirkt stärker als Positives. Damit die Predigt nicht einen negativen Gesamteindruck hinterlässt, sollten wir nicht das Schlechte, sondern Gottes gute Botschaft unterstreichen. Eventuell am Anfang mag ein negatives Beispiel helfen, das Problem zu erkennen, um das es gehen soll. Wenn ich von mir selbst erzähle und die Hörerinnen und Hörer merken, dass es ihnen ähnlich geht, werden sie in der Predigt mitgehen (vgl. 5. Kapitel, Teil C, Abschnitt 4.2). Aber schon von Anfang an sollte die positive Richtung der Predigt erkennbar sein.

Merke: Die positive Predigtaussage soll durch Anschaulichkeit herausgestellt werden.

Bilder, Gleichnisse und Beispiele stehen in der Predigt wie Ausrufezeichen: Aufgepasst! Sie werden viel intensiver aufgenommen und auch besser behalten als andere Aussagen. Sie gewinnen ihren Sinn aber erst durch die Aussage, die sie hervorheben. Vorsicht also, dass wir nicht Bild an Bild und Geschichte an Geschichte reihen, die Hörerschaft lauscht atemlos, aber es ist eigentlich gar nichts gesagt. Es wurden nur lauter Ausrufezeichen aneinandergestellt.

So wie ein Ausrufezeichen im Text sinnlos ist, wenn es nicht zu einem Wort oder Satz gehört, so sind auch Bilder und Geschichten sinnlos, die nicht im Zusammenhang mit der Predigtaussage verstanden werden. Und das kann leicht passieren, besonders wenn eine Geschichte zu breit erzählt wird oder am Anfang steht. Wenn man dann später über die Predigt nachdenkt, dann weiß man zwar noch, dass da eine Geschichte oder ein Erlebnis erzählt wurde, aber man weiß nicht mehr, wozu. Die Geschichte hat die Predigtbotschaft nicht verstärkt, sondern in den Hintergrund gedrängt. Wir müssen also deutlich erklären, was wir mit der Erzählung sagen wollen. Wir können im Verlauf der Predigt immer wieder an sie anknüpfen. So wird für jeden erkennbar, wie sie der Predigtaussage dient.

Merke: Geschichten müssen fest mit der Predigtaussage verknüpft werden.

3. Gefühle unterstützen die Botschaft

3.1 Gefühle sind immer wirksam

Soll in der Predigt auch das Gefühl angesprochen werden? Gefühl in der Predigt – das hat so den Geruch von Gefühlsduselei, von Unnüchternheit. Andrerseits, können wir denn ohne Gefühle in der Predigt sitzen? Niemand kann sein Gefühl in der Garderobe lassen. Niemand kann seine Empfindungen beim Predigthören ausschalten.

Der Text und auch die Predigtaussage haben einen bestimmten Gefühlswert. Eine Weihnachtspredigt stimmt uns anders als eine Passionspredigt. Eine Text über Gottes Schöpfermacht (etwa Ps 104) löst andere Gefühle aus als der Bericht über Jesu Einladung der Kinder (Mk 10,13-16). Und wenn uns ein Gedanke ganz ergreift, dann wird auch immer das Empfinden angesprochen sein.

Gefühle sind also immer im Spiel. Sie dürfen aber nicht zum Selbstzweck angeregt werden. Wenn eine Predigt sentimental wird, dann liegt das nicht daran, dass überhaupt Gefühle angesprochen wurden. Das ist unvermeidbar. Vielmehr hat sich das Gefühl von der Botschaft abgelöst, es hat ein Eigenleben entfaltet, ja es dient vielleicht dazu, den Mangel an Botschaft auszugleichen, Effekte zu haschen oder Eindruck zu machen.

Merke: Gefühl und Predigtbotschaft müssen eine Einheit sein.

3.2 Gefühl unterstreicht die Botschaft

Welche gute Wirkung kann das Gefühl haben? Bei vielen Texten ist es ein Empfinden, das die Brücke schlägt vom Text zu unserer Gegenwart. Mütter werden sich sofort wiedererkennen in der Begebenheit, wo die Jünger damals Mütter mit ihren Kindern zurückwiesen, Jesus sie aber zu sich einlud. Sie kennen das Gefühl, mit ihren Kindern abgewiesen zu sein, weil Kinder noch viel zu klein sind, etwas zu begreifen von den hohen Dingen des Lebens. Und sie empfinden, was es heißt, ernstgenommen zu sein in ihrer Aufgabe der Kindererziehung.

Vor allem unterstützt das uns aus dem Text anrührende Gefühl die Wirkung der Predigt. So wird die Botschaft von Gottes Schöpfermacht viel tiefer aufgenommen, wenn der Hörer nicht nur die Gedanken vernimmt, sondern auch zum Staunen angeleitet wird. Untersuchungen haben ergeben, dass wir viel intensiver lernen, das Gelernte länger im Gedächtnis behalten und eher bereit sind, unser Handeln entsprechend zu verändern, wenn das Lernen mit intensivem Gefühlserleben verbunden ist.

Schon bei der Arbeit am Text werden wir also auf seine Stimmung achten. Wir horchen nicht nur auf seine Gedanken, sondern auch auf seine gefühlsmäßige Tonlage. Wir lassen uns nicht nur informieren, sondern auch froh oder mutig oder bewundernd stimmen. Die Hörer der Predigt spüren uns deutlich ab, welches Gefühl uns bewegt, selbst wenn wir gar nichts darüber sagen.

Merke: Die Predigt ist wirksamer, wenn die Hörer nicht nur die Botschaft hören, sondern auch das entsprechende Empfinden verspüren.

3.3 Gefühle brauchen Zeit

Einen Gedanken mitzuteilen geht schnell. Bis dieser Gedanke aber im Herzen empfunden wird, dauert seine Zeit. Gefühle reagieren langsamer als Gedanken. So müssen wir der Hörerin oder dem Hörer Zeit lassen, das Gesagte zu bewegen. Eine Veranschaulichung der Botschaft leistet dazu gute Dienste: Ein Gleichnis oder ein Beispiel gibt Zeit und trägt zum bildhaften Verstehen bei, das dem Herzen näher ist als abstrakte Begriffe.

Eine Empfindung braucht Zeit zum Anschwingen, sie klingt auch nicht sofort wieder ab. Also dürfen wir die Zuhörenden nicht in ein Wechselbad der Gefühle stürzen wollen. Da werden sie vielleicht zuerst von Angst über bevorstehende Endzeitereignisse gepackt, dann sollen sie freudig die nahende Erlösung erwarten, und schließlich sollen sie noch von Mitleid erfüllt die Mitmenschen warnen. Das ist einfach zu viel für eine Predigt. Sie werden nach

der empfundenen Angst nur etwas ratlos auf die neuen Gefühls-
rhythmen hören, ohne sich auf sie einpendeln zu können. Freude
kommt nicht auf. Bestenfalls – denn auch bei Gefühlen beeindruckt das Negative stärker als das Positive – wird die Angst
vermindert.

Also: Wir bemühen uns, nur *eine* Grundstimmung lebendig
werden zu lassen. Unserer guten Botschaft entsprechend wird das
eine wertvolle, eine gute Stimmung sein, die wir in der Predigt
vermitteln.

Selbst wenn wir am Anfang vielleicht Not und Belastung der
Zuhörer ansprechen müssen, so hören sie doch sofort, dass wir
froh sind, eine Lösung gefunden zu haben. Es ist, als ob wir nach
verlorenem Geld stundenlang gesucht haben, bis es endlich gefunden wurde. Unser Bericht wird die Verzweiflung des Suchens
nicht beschönigen. Aber er wird getragen sein von der Freude des
Findens. Wer uns zuhört, spürt uns auch dann schon ab, dass wir
das Geld gefunden haben, wenn wir noch die Not des Verlustes
schildern. Genauso in der Predigt: Der Predigtbotschaft entspricht
eine wertvolle Empfindung. Diese soll uns die Hörerschaft von
Anfang an abspüren.

*Merke: Die Predigt soll nur eine, eine wertvolle Gefühlsbewegung aus-
lösen.*

4. Aufforderungen aktivieren die Hörenden

Als die Menschen zu Pfingsten in Jerusalem die Botschaft der
Predigt des Petrus verstanden hatten, fragten sie: „Was sollen wir
tun?" Der Apostel blieb ihnen die Antwort nicht schuldig
(Apg 2,37-39). So gehört auch zur Predigt heute die Aufforderung
zum Handeln. Worauf kommt es dabei an?

4.1 Die Predigt wird aktiv erlebt

Durch die Aufforderung sollen die Hörerinnen und Hörer aktiv
werden. Waren sie bisher passiv? Wenn ihnen die Predigt alle
eigene Aktivität beschnitt, wird die Aufforderung sie nicht so
leicht aus ihrer Trägheit reißen. Besser ist es, wenn sie schon beim

Zuhören gefordert sind. Sie sollen mitdenken, Schlüsse ziehen. Es werden ihnen nicht einfach Antworten vorgesetzt. Die schrittweise aufgeworfenen Fragen brennen in ihnen und treiben sie so voran, dass sie die Lösungen (beinahe) selbst finden, bevor sie von vorn ausgesprochen werden.

Jeder neue Gedankenschritt kann durch eine Problemstellung eingeleitet werden, die den Zuhörenden so nahegebracht wird, dass sie die Frage als ihre eigene wiedererkennen. Wir setzen dazu rhetorische Fragen ein: Wie kommt das? Was bedeutet dieser Satz? Warum steht hier nicht . . . ? Impulse können helfen, die Hörerschaft zum Mitdenken herauszufordern: Was meint ihr?

Merke: Wenn die Hörerinnen und Hörer in der Predigt mitdenken, sind sie eher zu praktischen Folgerungen bereit.

4.2 Es kommt auf die Begründung an

Die Aufforderung muss aus der Botschaft des Textes erwachsen. Sie kann nicht am Anfang stehen. Keinesfalls kann sie die Botschaft ersetzen. Auch wenn wir es noch so oft gehört haben: Eine Predigt, die nichts anderes vermittelt als die Aufforderung, mehr als bisher zu beten, hat wenig Wirkung. Es wäre, als wollten wir jemanden ohne Begründung dazu bewegen, sein gemütliches Heim zu verlassen. Er wird es kaum tun. Wenn wir ihm aber die Nachricht geben, dass nach langem nasskalten Wetter ein wunderbarer Hauch von Frühling in der Luft ist, und ihn dann auffordern zu einem Spaziergang – vielleicht geht er mit. Und wenn wir ihm zurufen, dass das Haus brennt, dann können wir die Aufforderung fast weglassen, er wird aufspringen und hinauslaufen. So ist es in der Predigt. Nicht zuerst die Dringlichkeit des Appells, sondern der Gehalt der Predigtaussage gibt der Aufforderung Kraft.

Manchmal geschieht folgendes: Nachdem ein Prediger die Botschaft des Textes entfaltet hat, kommt die Aufforderung, und plötzlich empfindet die Hörerin oder der Hörer, manipuliert zu werden: „Aha, da wollte der Prediger mit mir hin!" Was ist geschehen? Der Prediger forderte mehr, als der Text begründen konnte. Besonders bei Aufforderungen, die sehr konkret sind, geschieht das leicht. So hat er mit seiner Predigt nicht dem Text gedient, sondern der Text sollte seinen Plänen dienen. Die Bibel sollte als Begründung vor den Wagen seiner Vorstellungen gespannt werden. Die Hörerschaft merkt es und ist verstimmt.

Merke: Die Kraft der Aufforderung liegt in der Predigtbotschaft.

4.3 Widerstände sind zu überwinden

Wer zu einem Tun bewegen will, muss mit Widerstand rechnen. Solcher Widerstand ist oft ganz unbewusst. Der Zuhörer denkt, das Geforderte schon zu tun. Also ist die Aufforderung ja an die anderen gerichtet. Oder eine Zuhörerin legt sich die Aussage so zurecht, wie es ihr passt. Oder sie nimmt das Gesagte gar nicht wahr. Beim Hören wird unbewusst eine Auswahl getroffen, die das aussiebt, was nicht in das eigene Konzept passt.

Um erfolgreich aufzufordern, müssen diese Widerstände überwunden werden. Das ist möglich, wenn der Zuhörer Vertrauen zum Verkündiger gefasst hat, wenn sich die Zuhörerin verstanden fühlt. Sie merken, dass sich die Predigerin oder der Prediger auch selbst bemüht, das zu tun, wozu andere bewegt werden sollen. Die wichtigste Voraussetzung dafür, dass die Widerstände gegen eine geforderte Lebensänderung überwunden werden, ist jedoch die Zustimmung zu den Gedanken der Predigt.

Merke: Vertrauen und Zustimmung der Hörerschaft überwinden die Widerstände gegen die Aufforderung.

7. KAPITEL: GOTTESWORT IM MENSCHENWORT

Teil A: Predigt ist Gottes Wort in menschlicher Rede

Übersicht

1. Was soll dieser Abschnitt erreichen?

Jeder hat es schon erlebt: Man erzählt oder erklärt anderen etwas, und plötzlich merkt man, es hört niemand zu. Wo eigentlich ein Kopfnicken, ein Lachen oder ein Einwand kommen müsste, ist nichts, keine Reaktion. Das ist ein peinliches Gefühl. Als ob man gegen eine Wand geredet hätte.

In der Predigt kann es solche Peinlichkeit auch geben. „Mögen alle gähnen, auf der Bank rutschen und in sich zusammensinken, das Manuskript wird weiter vorgelesen, Seite für Seite, Wort um Wort. Da gibt es kein Gefühl für Atmosphäre, keine Signale, kein Funken springt über, kein Buchstabe am Manuskript wird geändert. Da bricht auf der Empore ein Hörer zusammen, auf der Bahre wird er heruntergetragen, die Sirenen des Rettungswagens ertönen, ungerührt wird das Manuskript weitergelesen" (W. Schütz, Probleme der Predigt, Göttingen 1981, S. 40).

Damit die Predigt ihren Sinn erfüllt, muss die Verbindung zwischen der sprechenden Person und der Hörerschaft in Ordnung sein. Sonst kommt nichts oder etwas Falsches an. Was ist das für eine Verbindung? Wie kommt sie zustande? Warum muss man auch in der Predigt darauf achten? Es geht also in diesem Abschnitt um den Vollzug der Rede, wie er in der Predigt geschieht.

2. Predigt ist Teil eines Gesprächs

Dass wir Menschen sprechen können, ist ein Zeichen dafür, dass wir in eine Gemeinschaft gehören. Sprechen hat eigentlich nur Sinn, wenn man nicht allein ist. Allein lernt auch niemand zu sprechen. Alles, was wir sagen, ist bezogen auf das, was andere vor uns gesagt oder getan haben. Und wenn wir gesprochen haben, dann wird das bei anderen wieder ein Reden oder Tun auslösen. Reden und Tun ist dabei eine untrennbare Einheit. Schließlich ist auch unser Sprechen ein Tun, eine Tätigkeit, die bestimmte Resultate bringen soll.

Was bedeutet das nun für die Predigt? Es bedeutet, dass eine Predigt nicht als ein Monolog verstanden werden darf. In der Predigt redet zwar nur eine Person, die anderen hören zu. Aber was die Predigerin oder der Prediger sagt, ist eine Reaktion auf das, was sie oder er vorher von anderen und aus dem Wort Gottes gehört hat, was sie oder er erlebt hat. In die Rede geht auch die schon erlebte und die erwartete Gegenrede der Hörerschaft mit ein. Und wenn die Predigt zu Ende ist, dann fängt die Zuhörerschar wieder zu reden an – mit Gott, mit der Predigerin oder dem Prediger und untereinander. Auch Taten folgen, denn die Menschen reagieren auf das Gesagte. Predigt ist also kein Monolog, sondern ein Ausschnitt aus einem großen Gespräch.

Merke: Predigt ist kein Monolog, sondern Teil eines Gesprächs.

3. Predigt braucht die lebendige Verbindung zwischen der redenden Person und den Hörenden.

Aber noch in anderem Sinn ist Predigt kein Monolog. Es geschieht in der Predigt das, was in jedem guten Gespräch geschieht, nämlich eine Kontaktaufnahme zwischen den Gesprächspartnern. Ist es nicht so, dass ein gutes Gespräch mehr bedeutet als nur Austausch von Informationen? Wir haben es erlebt, wie gut das tut, sich auszusprechen und einander zuzuhören, wie es verbindet und stärkt. Wie kommt das? Neben dem Austausch von Informationen wird in einem Gespräch von beiden Partnern beständig geprüft, ob die Verbindung in Ordnung ist. Es ist, als ob immer wieder gefragt wird: Hörst du mir zu? Verstehst du mich? Und von der anderen Seite: Nimmst du meine Reaktionen auf? Passt du dein Sprechen meinem Hören und Verstehen an?

Dieses Mühen um eine gute Verbindung kann mit Worten erfolgen. Aber noch viel häufiger geschieht es ohne Worte durch die Stimme, durch den Gesichtsausdruck, durch Bewegungen und Gesten. Deshalb ist es im Gespräch so wichtig, dass man sich ansieht. Durch ein Seitwärtsdrehen oder -neigen des Kopfes signalisiert eine Hörerin zum Beispiel: Jetzt gibt es eine Schwierigkeit in unserer Verbindung. Ich verstehe dich nicht. Nimmt die Sprecherin das Signal auf, dann wird sie deutlicher, lauter sprechen, wenn es ein akustisches Problem war. Oder ein Hörer zeigt durch ein Stirnrunzeln: Ich kann nicht glauben, was du sagst. Ich sehe das nicht ein. Der Sprecher wird einen Vergleich oder ein Beispiel anfügen, wenn der Hörer gedankliche Schwierigkeiten hatte. Oder er wird seine Glaubwürdigkeit unterstreichen, wenn das die Gesprächsverbindung wieder festigen kann. An solchen Reaktionen erkennt die Hörerin oder der Hörer wiederum, dass die Signale angekommen sind, dass die Verbindung also funktioniert.

Das alles geschieht auch in der Predigt. Ohne die gute Gesprächsverbindung kann überhaupt keine Botschaft vermittelt werden. Die Hörenden sind also nicht passiv. Hörbar redet zwar nur eine Person, jedenfalls in der Regel, aber die anderen reden unhörbar

mit. So wird gemeinsam die notwendige Verbindung aufrechter-
halten. Darin gleicht die Predigt dem Gespräch.

Ich erlebe das so: Wenn ich in einer Kirche predige, wo die Hörergemeinde gut „mitgeht", wo also von ihnen Signale ausgehen, die
ihre Fragen, ihre Zustimmung, ihr Unverständnis, ihre Freude
oder ihr Erschrecken über das Gehörte zum Ausdruck bringen,
dann fällt mir das Sprechen leicht. Wenn dagegen von den Zuhörenden nichts ausgeht, wenn sie wie abwesend dasitzen und ich
mir vorkomme, als würde ich Steinen predigen, dann bin ich wie
gelähmt. Es kommt so viel darauf an, dass die Verbindung zwischen Redner und Hörerschaft in Ordnung ist!

Ebenso geht es, wenn ich zuhöre. Ich schaue die Sprecherin oder
den Sprecher an. Unwillkürlich spiegelt sich auf meinem Gesicht
und in meiner Haltung, was ich denke und empfinde. Liest der
Sprecher auf meinem Gesicht? Verweilt er, wenn ich nicht mitge-
kommen bin? Merkt die Sprecherin, wie es mir geht? Geht sie
dann weiter, wenn bei mir „der Groschen gefallen ist"? Wenn ich
weiß, dass nicht nur ich die Person am Pult zu verstehen suche,
sondern dass sie auch umgekehrt mich verstehen will, dann fällt
es mir leicht zuzuhören. Wenn aber jemand seine Predigt vorträgt
und nicht reagiert, nicht merkt, was bei mir ankommt, nicht zu
mir, sondern in sein Papier oder oben in die Ecke des Raumes
sieht, dann kann ich bald nicht mehr aufpassen. Die Gedanken
schweifen ab, die Verbindung bricht ab. Die Worte sind in den
Wind geredet.

*Merke: Damit die Predigtbotschaft ankommt, brauchen Verkündigende
und Hörerschaft eine gute Gesprächsverbindung.*

4. Hören ist ein aktiver Prozess

Nicht alles, was in der Predigt gesagt wird, kommt so an, wie es
gemeint war. Ein Prediger sprach davon, dass wir Christen einen
aktiven Beitrag zum Frieden leisten sollen. Wir können die Schuld
für den Unfrieden nicht den anderen zuschieben und uns mit der
Redensart rechtfertigen: „Es kann der Frömmste nicht im Frieden
leben, wenn es dem bösen Nachbarn nicht gefällt." Eine Zuhöre-

rin, die Streit mit den Nachbarn hatte, nahm die in der Predigt zitierte Redensart auf und fand sich in der Predigt bestätigt: Der Prediger hat ja selbst gesagt, dass der Frömmste nicht in Frieden leben kann, wenn es dem bösen Nachbarn nicht gefällt (nach E. Lerle, Arbeiten mit Gedankenimpulsen, Berlin 1965, S. 182 f.).

Wie konnte es geschehen, dass der Prediger so missverstanden wurde? Was geht da vor sich, wenn jemand zuhört? Zuhören ist nicht eine passive Rolle. Die Hörerin, der Hörer ist nicht wie ein offener Sack, der sich mit Worten anfüllen lässt. Jeder Satz, der mit den Ohren aufgenommen wird, muss in seinem Sinn verstanden und in die Vorstellungen und Werte des Hörenden aufgenommen werden. Dabei genügt es nicht, die Bedeutung der Wörter zu verstehen. Aus dem Zusammenhang der ganzen Predigt bekommt der Satz erst Sinn und kann die gewünschte Wirkung auslösen. (So ist der Satz vom bösen Nachbarn im Beispiel oben nicht als wahre Aussage gemeint, sondern als eine falsche Entschuldigung angeführt.) Bei diesem Verstehensprozess ist es so, als durchliefen die Aussagen der Predigt ein Sieb. Einiges kommt nicht durch. Nur Bruchstücke werden der Hörerin oder dem Hörer bewusst. Diese Predigtteile werden dann nicht mehr so zusammengeordnet, wie das die Predigt vorgab. (Was im Beispiel als falsche Haltung erwähnt wurde, wird von der Zuhörerin als Rechtfertigung gewertet.) Besonders schwer, richtig aufgenommen zu werden, haben es solche Gedanken, die zu einer Lebensänderung nötigen. Sie werden umgedeutet oder aus dem Bewusstsein verdrängt. Schließlich möchte sich jeder lieber bestätigt sehen.

Es kommt also darauf an, die wichtigen Predigtaussagen so treffend, so deutlich und so überraschend zu sagen, dass sie kaum überhört oder umgedeutet werden können.

Merke: Beim Zuhören wird manches nicht aufgenommen, weil es den eigenen Vorstellungen nicht entspricht. Es kommt daher auf treffende und deutliche Kernaussagen an.

5. Mit Mut und Verständnis wagen wir das Neue Wort

Wer predigt, hat die Aufgabe, die Botschaft so zu sagen, dass sie gute Chancen hat, richtig verstanden zu werden und die gewünschte Wirkung auszulösen. Die Hörerinnen und Hörer sollen wissen, wie die Aussagen gemeint sind. „Wenn die Posaune einen undeutlichen Ton gibt, wer wird sich zum Streit rüsten? So auch ihr . . ." Wenn man nicht weiß, was gemeint ist, dann werden wir in den Wind reden, schreibt Paulus (1 Kor 14,8.9). Das Unerhörte der göttlichen Botschaft muss deutlich werden. Das alte Gleis, die gängigen Formeln sind keine geeigneten Mittel, in ein neues Leben einzuführen. Gott erwartet Phantasie von denen, die verkündigen. Wie sage ich die Botschaft so, dass es die Zuhörenden vom Stuhl reißt? Welche Mittel habe ich, Allzubekanntes wieder neu hörbar zu machen (Verfremdung)? Wie treibe ich den Keil des Wortes so tief in das Leben der Gemeinde, dass es aufgebrochen wird zu neuem Anfang?

Vertragen die Leute denn solchen Schock des Neuen? Auch diese Frage ist wichtig. Sie vertragen ihn nur, wenn sie sich zugleich verstanden wissen. Auch Altvertrautes muss in der Predigt vorkommen, damit sich die Hörerinnen und Hörer wiedererkennen, damit das Neue einen Ansatzpunkt in ihrem Leben findet. Jesus sagt, dass ein guter Hausvater aus seinem Schatz Altes und Neues hervorholt (Mt 13,52). Altes, das ist das, was den Hörenden bekannt ist, ihr Leben, ihre Wünsche, ihre Hoffnungen. Neues, das ist das überraschende Angebot Jesu. Die Predigt verbindet herzliches Eingehen auf die Menschen mit mutigem Durchbrechen alter Muster.

Merke: Jesu Botschaft für heute geht von Bekanntem aus, bringt aber Unerwartetes in ungewohnter Sprache.

6. Die Predigt soll gut behalten werden

Sprechen ist ein wirksames Handeln. Wie lange hält die Wirkung an? Das ist vor allem eine Frage des Gedächtnisses. Wenn die Predigt gut behalten werden kann, dann wird sie auch länger nachwirken. Experten haben festgestellt, dass von dem, was wir gehört haben, etwa 20% behalten werden. Das ist sehr wenig. Wir müssen den Hörerinnen und Hörern helfen. Eine klare Gliederung mit wenigen, gut formulierten Kerngedanken prägt den Predigtinhalt ein. Ein krauses Allerlei dagegen kann sich niemand merken – wir als Predigende auch nicht.

Viel besser wird die Quote des Behaltenen, wenn die Gedanken nicht nur aufgenommen, sondern auch noch mit anderen bedacht und durchgesprochen werden (60%). Wie gut, wenn die Predigt ein Gespräch auslöst. Aber auch dazu braucht man den wesentlichen Inhalt der Predigt im Gedächtnis. Und außerdem muss die Predigt zum Weiterdenken herausfordern. Nicht der Sprecher erzielt die nachhaltigste Wirkung, der seine Hörerschaft mit seiner Überzeugung erschlägt, sondern der, der sie an seinem Suchen und seinen Entdeckungen teilhaben lässt und sie gleichzeitig daran erinnert, dass sie selbst eine Stimme haben.

Merke: Klarer Aufbau und zum Weiterdenken anregende Darbietung lassen die Predigt lange nachwirken.

7. Der Heilige Geist wirkt nicht gegen menschliche Bemühungen, sondern in ihnen und über sie hinaus

Bisher wurde darauf hingewiesen, was die Predigerin oder der Prediger tun kann, damit die Botschaft die Gemeinde erreicht und nachhaltig bewegt. Predigt wurde verstanden als ein Stück lebendigen Dialogs zwischen Menschen. Ist damit ihr Wesen erfasst? Ist sie nicht mehr als Menschenwort? Welche Rolle spielt der Heilige Geist?

Es sind in der Geschichte schon viele meisterhafte Reden gehalten worden, die große Wirkung zum *Bösen* hatten. Wer es versteht, öffentlich zu reden und die Menschen zu bewegen, ist noch lange nicht geeignet zu predigen. Denn das Eigentliche muss Gott durch seinen Geist doch selber tun: in den Hörenden den Glauben wecken.

Aus Furcht vor dem Missbrauch besteht oft eine Scheu, die menschliche Seite der Predigt mit ihren Bedingungen zu untersuchen und die Möglichkeiten wirksamer Rede für die Predigt zu nutzen. Aber der Heilige Geist will nicht im Gegensatz zu den Gläubigen, sondern in ihnen sein Werk tun. Deshalb wird er (in der Regel) nicht *neben* dem Tun der Prediger und Predigerinnen oder gar *gegen* sie, sondern *durch* ihr menschliches Mühen die Zuhörenden erreichen. Es ist verkehrt, das Wunderbare und das Machbare in der Predigt auseinander reißen zu wollen. „Wir sind Gottes Mitarbeiter." (1 Kor 3,9) Menschliche Methoden der Sprache, der Übermittlung von Botschaften, des Bezeugens und Überzeugens sind nicht etwa ungeeignet für die Predigt. Gott selber hat beschlossen, durch Christus in menschlicher Sprache und menschlicher Weise sein Heil unter uns bekannt zu machen. Er hat diesen Weg gewählt, weil er uns dadurch besonders nahe kommen wollte. Wollen wir Gott einen anderen Weg vorschreiben, indem wir nicht alles einsetzen, was Menschen einsetzen können, um sich verständlich zu machen? Ungeeignet für die Predigt ist nicht menschliches Mühen, sondern die Nachlässigkeit, die sich nicht darum kümmert, welche Möglichkeiten in unsere Hand gelegt sind.

Wir werden andrerseits das, was wir tun können, nicht überschätzen. Durch unsere Methoden lässt sich der Heilige Geist nicht zwingen. Was wir tun, das ist nichts weiter als das Bearbeiten des Bodens und das Säen der Saat. Und das wollen wir gut machen. Wir dienen damit dem Wachstum und Fruchttragen, das nicht mehr in unsere Hand gelegt ist.

Merke: Der Heilige Geist will auch die menschlichen Möglichkeiten in seinen Dienst nehmen.

Teil B: Predigen kann, wer das Wagnis nicht scheut

1. Was soll dieser Abschnitt erreichen?

Wer kann predigen? Stundenlang habe ich an der Predigt gearbeitet. Was sagt mir dieser Text, was sagt er der Gemeinde? Die Gedanken liefen immer wieder weg, das Papier vor mir blieb oft weiß. Mal lagen alle erreichbaren Bücher aufgeschlagen herum, mal habe ich auf meinem Blatt mehr durchgestrichen als aufgeschrieben. Kann ich predigen? Genügt das, was ich jetzt vor mir habe? Wann ist eigentlich eine Predigt fertig?

Ich vergleiche das, was ich da auf dem Papier vor mir habe, mit dem, was eine Predigt sein und leisten soll. Die Hörerinnen und Hörer sollen Gottes Zuspruch erfahren. Das heißt, wenn sie hinausgehen, gehen sie aufrechter, sind sie mutiger. Oder sie sind erschrocken durch Gottes Einspruch oder angestoßen durch Gottes Anspruch. Sie werden nicht weiterleben können wie bisher. Die Predigt wird etwas bewegen, wenn sie Gottes Wort ist.

Ja, wenn . . . ! Wird meine Predigt Gottes Wort für die Gemeinde sein? Ich bin mir nicht so sicher. Je näher der Termin kommt, desto mehr Angst befällt mich. Ich würde doch lieber zuhören als vorn stehen und sprechen. Gibt es nichts, woran ich mich halten kann?

Es ist wie vor dem Schwimmenlernen. Wer sich an allen Stützen festklammert, lernt es nie. Wer loszulassen wagt, erfährt, dass es stimmt, was so unglaublich klingt: Das Wasser trägt. Dieser Abschnitt soll zweierlei deutlich machen: 1. Alle falschen Sicherheiten sollen losgelassen werden, denn Predigen ist ein Wagnis. 2. Wer sich aber auf das Wagnis einlässt, darf mit Gottes Verheißungen rechnen. Die Verheißung macht Mut zum Predigen.

2. Der Erfolg der Predigt ist nicht abzusichern

Wenn eine Predigt nach allen Regeln der Kunst vorbereitet und gehalten wird, *muss* sie dann gelingen? Sie muss nicht. Eine klare Predigtbotschaft, eine logische Gliederung, gute Beispiele und lebendiger Vortrag, alles das ist notwendig, damit die Predigt gelingt. Aber es ist keine Garantie. Angst vor der Predigt ist berechtigt. Es ist sogar gut, wenn man noch Angst hat! Wäre es nicht schlimm bestellt um die Predigt, wenn sie in die Hände derer fiele, die alles für machbar halten: eine Predigt – kein Problem, man nehme Text, Situation, ein paar gute Einfälle, dazu eine Portion Logik, Psychologie und Rhetorik, umrühren, fertig? Wenn sich die Predigerinnen und Prediger auf ihr Können verließen, dann müsste Gott die Steine schreien lassen, um *sein* Wort hörbar zu machen.

Wer predigt, soll das Gesagte mit seinem Leben bezeugen können. Wer wird diesem hohen Anspruch gerecht? Das ist eine Anfrage an den eigenen Glauben, an das eigene Gebetsleben, auch an die Motive, die zum Predigen antreiben. Es wird doch nicht die Suche nach Ehre sein? Ich will doch nicht etwa nur beweisen, dass ich es besser kann? Oder sollte ich predigen, um recht zu behalten? Was mich nicht selbst ergriffen hat, kann ich den Zuhörenden nicht so vermitteln, dass es sie ergreift. Muss ich also meine eigene Erfahrung nach vorn werfen? „Ich bin ja *so* voller Hoffnung, *so* voller Dankbarkeit, *so* voller Nächstenliebe – oder auch *so* voller Ehrlichkeit mit meinen Schwächen!" Ist das der sichere Weg zum Predigterfolg? Ich will mich nicht verstecken, nicht vor einem ehrlichen Bekenntnis drücken. Aber kommt es auf mich an? Wer die gute Botschaft bringt, dass die Verlorenen mit Jesus neu anfangen dürfen, muss als ein begnadeter Verlorener auftreten. Das heißt, das Evangelium kann nur bezeugen, wer von sich selbst nicht mehr überzeugt ist. In mir selbst liegt nicht der Schlüssel zum Predigterfolg.

Manchmal wird gesagt: „Wenn in der Kirche gepredigt wird, dann ist das Gottes Wort an uns. Da kann man immer etwas mitnehmen. Das ist nie vergeblich." Wenn das stimmt, dann wäre der Erfolg der Predigt ja gar nicht mehr in Frage zu stellen. Eine Predigt, die nicht gelingt – so etwas gäbe es gar nicht. Es könnte höchstens sein, dass eine Hörerin oder ein Hörer sich dem Wort verschließt und so die Predigt für diese Person wirkungslos bleibt. Wenn jemand das Amt bekommen hat zu predigen, dann dürfte er nicht mehr fragen: Kann ich predigen? Das Amt garantiert, dass er es kann. Ist das so? Nein! Wer auf das Amt baut, verlässt sich auf die Kirche, die das Amt gibt. Wie sollte aber die Kirche für das Predigen garantieren, wo sie doch nicht über dem gepredigten Wort steht, sondern darauf angewiesen ist? Wohl trägt die Gemeinde die Predigt mit. Predigt wäre gar nicht möglich ohne Gemeinde. Aber ohne Predigt könnte auch die Gemeinde nicht sein. Also: auch hier nichts zum Festhalten. Der Erfolg der Predigt ist nicht sichergestellt. Die bedrängende Frage bleibt: Kann ich predigen?

Kurz bevor es soweit ist, dass ich vor die Gemeinde gehen muss, überfällt mich oft die Angst. Mit welchem Recht halte ich die Leute mit meinem Reden auf? Habe ich die Botschaft richtig verstanden? Sind nicht viele von ihnen im Glauben erfahrener und weiter als ich? Bleibe ich selbst nicht weit hinter dem zurück, was die Predigt an Konsequenzen fordert? Und dann tue ich das, was mir einmal ein erfahrener alter Prediger riet: Ich klammere mich an den Text. Nichts anderes will ich sagen, als was der Text sagt. Im Text ist die ganze Predigt schon drin. Wenn ich ihn vorlese, dann halte ich die Predigt im Konzentrat. Meine Worte danach sollen eigentlich nur ein Ausbreiten des Textes sein, damit ihn jeder verstehen kann. Etwas Eigenes will ich nicht bringen.

In mir selbst ist nichts, was meine Angst überwinden könnte. Deshalb besinne ich mich auf den Text. Allerdings ist auch der Bibeltext nicht das Erfolgsrezept. Wäre im Text göttliche Wirksamkeit mit Sicherheit verfügbar, dann wäre Predigt gar nicht nötig. Schließlich kann ja jeder die Bibel selbst lesen. Es bleibt dabei: Die Predigt ist ein Wagnis. Sie kann immer misslingen. Und sie wird bestimmt misslingen, wenn ich die Texte missbrauche als magische Kraftquelle für meine Rede. Deshalb wird auch die Angst vor dem Predigen nie aufhören. Wer nicht vor dem Wagnis der Predigt zittert, hat ihr Wesen nicht begriffen. Er sollte lieber nicht predigen.

Merke: Nur wer das Wagnis der Predigt annimmt, darf auf fruchtbares Predigen hoffen.

3. Predigt hat die Verheißung Gottes

„Wer euch hört, der hört mich", sagt Jesus zu seinen Jüngern (Lk 10,16). Damit nimmt er das Wort seiner Nachfolger in Anspruch und macht es zu seinem eigenen. Wusste er denn nicht, wie schwach und unvollkommen die Predigt ist, die seine Nachfolger halten? Er wusste es. Und trotzdem! Wenn ich da an meine Predigt denke: welcher Mut Jesu, zu gebrauchen, was ich sage! Das macht mir Mut zu predigen.

Jesus redet selbst durch die Predigt seiner Nachfolger. Das bedeutet, dass die Predigt nicht nur Jesu Geschichte erzählt, seine Lehre einschärft oder seine Bedeutung ansagt. Alles das bliebe doch menschliches Wort. Jesus selbst redet als der Lebendige. So stellt sich Gott in der Predigt selbst vor. Er macht sich bekannt. Er öffnet damit neue Horizonte für jeden, der zuhört. Er tut etwas an uns und für uns. Was ist das für eine große Verheißung für unser Predigen! Des Herrn Wort, das in Ewigkeit bleibt, das ist das Wort, das unter uns verkündigt ist (1 Petr 1,25). So macht Jesus wahr, was er versprochen hat: Wenn wir hingehen und predigen, dann ist er „bei uns alle Tage bis an der Welt Ende." (Mt 28,19) Das macht Mut zum Predigen.

Dass Jesus die menschlichen Worte der Predigt zu seinem Wort macht, liegt nicht an einer besonderen Qualität unserer Worte. Unsere Bemühung kann nicht bewirken, dass Jesus selber redet. Aber auch nicht die Beseitigung alles Menschlichen gibt Raum für

Jesus, als ob unsere Bemühung Gott im Weg wäre. Vielmehr hat Gott es so beschlossen, in menschlichem Wort erkannt zu werden. Nachdem wir alles getan haben, was in unserer Macht steht, stellen wir fest, dass wir nicht wirklich predigen können. Es gibt keine Meisterschaft. Es wird wohl auch keine vollkommene Predigt geben. Wir bleiben unnütze Knechte (Lk 17,10). Es ist seine Verheißung, auf die wir uns berufen, wenn wir dennoch anfangen. Es ist die Verheißung des Heiligen Geistes, auf die wir uns verlassen. Der Geist ist es, der lehrt und erinnert, was Jesus gesagt hat (Joh 14,26). Er leitet in alle Wahrheit (Joh 16,13). Der Geist lebt in der Gemeinde, die uns zum Predigen gerufen hat. Hat Gott seinen Geist gegeben, warum sollten wir da nicht Mut haben zu predigen?

Merke: Nicht weil wir es können, sondern weil Gott verheißen hat, unser Wort zu seinem Wort zu machen, deshalb haben wir Mut zu predigen.

Teil C: Lebendige Rede

1. Was soll dieser Abschnitt erreichen?

Der letzte Abschnitt der Predigtvorbereitung ist erreicht: Wir schreiben das Konzept. Was an Vorbereitung möglich ist, wollen wir tun und haben wir getan. Aber das Predigen selbst kann man nicht vorwegnehmen. Wenn wir zu den Menschen sprechen, offenbart sich, wer wir sind.

2. Wir schreiben das Konzept

2.1 Das Konzept dient dem lebendigen Sprechen

Manche Leute denken, es sei erstrebenswert, ganz ohne eine schriftliche Vorlage predigen zu können. Ich glaube das nicht. Wenn nur die Predigt gut wird! Sollten ein paar Notizen dazu helfen können, dann will ich sie gern benutzen.

Was können Aufzeichnungen helfen? Wozu dienen sie? Sie dienen dazu, zu *erinnern* an das, *was* ich sagen will, *wie* ich es sagen will und *wann*, also in welcher Reihenfolge die Aussagen gebracht werden sollen.

Das Predigtkonzept soll erinnern, nicht festhalten. Predigen ist ja nicht das Vortragen einer fertigen Rede, sondern ein Stück eines Gesprächs. Für eine Rede wird schriftlich festgelegt, was gesagt werden soll. Das Redemanuskript ist etwas Abgeschlossenes, auch etwas Unbewegliches, vielleicht sogar Lebloses. Nachdem alles lange überlegt wurde, kristallisierte sich der Gedankenweg in eine feste Form. Nicht das lebendige Bewegen, nicht der Weg, sondern der Ertrag des Weges steht als Ergebnis auf dem Papier. Wer solche Rede vorträgt, präsentiert gleichsam die sauber getrockneten und gepressten und botanisch eingeordneten Blüten, die er von einer Wanderung mitbrachte. Sehr interessant, lehrreich, allerdings sind die Farben schon verblasst, das Leben ist entwichen.

Predigt ist Sprechen *mit* den Hörern, nicht *vor* ihnen. Es wird nichts Fertiges vorgetragen, sondern ein Weg gegangen. Das Predigtkonzept ist die Wegbeschreibung. Es erinnert, es stößt die Gedanken an. Dabei genügt es nicht, dass die Stichworte den Inhalt eines Gedankens festhalten. Es muss auch erkennbar sein, wozu dieser Gedanke dienen soll, was er bewirken soll. Wenn ich auf das Konzept schaue, will ich dort nicht nur das Ergebnis meiner früheren Überlegungen finden. Ich will nicht den abgekühlten Körper aus der Gussform nehmen. Die Predigt soll etwas Neues erschmelzen, und das Konzept heizt ein. Ich will neu angetrieben sein zur Predigt. Die Predigtarbeit ist also nicht dann am Ziel, wenn ein Konzept vorliegt, sondern erst beim Predigen selbst. Etwas aufzuschreiben ist ein Teilschritt, das Predigtkonzept eine Zwischenstation.

Merke: Das Konzept ist nicht die fertige Predigt, sondern Orientierung und Antrieb für das Predigen.

2.2 Kernsätze und Stichworte aufschreiben

Wie sollte ein Predigtkonzept aussehen? Jeder wird die für ihn günstigste Möglichkeit herausfinden müssen. Für mich hat sich folgendes bewährt: Ich schreibe mir die Kerngedanken in kurzen, sorgfältig formulierten Aussagesätzen auf. Dazu kommen einige Stichworte, damit ich nichts vergesse. Bei den Hauptgedanken, die etwa der Gliederung entsprechen, lege ich Wert auf eine treffende und einprägsame Formulierung. Es wäre schade, wenn ich dann nicht das richtige Wort parat hätte und nicht den geeigneten Satz fände. Auch die Stichworte helfen mir zur Formulierung, aber sie legen mich nicht auf einen bestimmten Satz fest. Ich könnte den Gedanken auch ganz anders ausdrücken. Und das ist wichtig, weil geschriebene Sätze oft zu lang und zu kompliziert sind. Habe ich die Hörerinnen und Hörer vor Augen, wird die Sprache einfacher, auch ausführlicher, als wenn ich am Schreibtisch sitze.

Merke: Kernsätze wörtlich, sonst stichpunktartig aufschreiben.

2.3 Übersichtlich notieren

Ich ordne alles auf dem Papier so an, dass die Reihenfolge und der Aufbau der Gedanken ganz augenfällig wird: durch Unterstreichen, Einrücken, Markieren, Zwischenräume. Ich will mit den Hörern sprechen, sie ansehen. Daher muss ich mich mit einem kurzen Blick auf dem Papier zurechtfinden können. Wie auf einer Landkarte – kurze Orientierung, der nächste Gedanke wird angestoßen, und weiter geht die gemeinsame Wanderung.
Keinesfalls darf das Blatt einfach zeilenweise vollgeschrieben werden wie die Seite eines Buches. Ich müsste fortlaufend ablesen. Ich könnte nicht vorausschauen oder vorauslesen, welche Gedanken noch kommen. Mir würde erst beim Aussprechen klar, was ich da sage. Müssen dann die Hörerinnen und Hörer, die das natürlich merken, nicht denken, ich rede etwas daher, was ich selbst nicht verstehe und glaube? Ich könnte die Gemeinde auch nicht anschauen. Schon jedes kurze Aufschauen könnte bedeuten, dass ich den Faden verliere und das Blatt vorwärts und rückwärts durchlesen muss, um die Stelle zu finden, wo ich gerade war.

Die Blätter beschreibe ich auch nur auf einer Seite. Während ich noch Gedanken des einen Blattes erkläre, kann ich schon sehen, was auf dem folgenden Blatt kommt, indem ich beide nebeneinander lege. Müsste ich umwenden, könnte ich nicht beides gleichzeitig sehen. Damit wirklich zwei Blätter nebeneinander liegen können, verwende ich A5 Format. Dann hat auch die Bibel noch Platz auf der Kanzel oder dem Pult. Zur schnellen Ordnung habe ich die Blätter nummeriert.

Merke: Ein unübersichtliches Konzept verhindert das lebendige Sprechen mit den Hörerinnen und Hörern.

3. Wir prägen uns ein, was wir sagen wollen

Nun ist ein großes Stück der Predigtvorbereitung geschafft. Das Konzept liegt vor. Ist es gut? Wird Gott in der so vorbereiteten Predigt zu den Menschen reden? Was bleibt mir anderes, als das Erarbeitete Gott vorzulegen. Ich bete die Predigt durch. Abschnitt für Abschnitt gehe ich durch und frage: Muss ich das sagen? Brauchen meine Hörerinnen und Hörer diese Aussage? Wie kommt es an, was ich sage? Verstehen sie es? Betrifft es sie?

Da kann es geschehen, dass ich auf Sätze oder Gedanken aufmerksam werde, die nicht gut sind. Nun, noch ist ja Zeit, etwas wegzulassen. Zum Beispiel irgendwelche Spitzen gegen Personen oder Gruppen, die oft noch nicht einmal anwesend sind in der Predigt. Sicher hätte ich die Lacher auf meiner Seite, wenn ich etwas Spitzes gegen eine unbeliebte Gruppe oder Anschauung sagte. Aber ich will mir doch nicht die Sympathie der Gemeinde dadurch sichern, dass ich ihre Vorurteile bestärke. Vielleicht entdecke ich auch Geistreiches oder ein zentnerschweres Fremdwort oder „bedeutsame" Andeutungen, die mein Wissen hervorstreichen. Oder ich mache mich wichtig, indem ich betone, wie schwierig die Probleme sind, mit denen ich gerungen habe. Nur gut, dass solche Misstöne noch vorher entdeckt und gestrichen werden können. Das Konzept unter Gebet zu durchdenken, das ist eine Zeit der Ehrlichkeit. Superlative, Großartiges – ist hier vielleicht die Übertreibung der Anfang der Lüge? Fromme Formeln oder auch vulgäre Wendungen – verkleiden sie meine Ratlosigkeit?

Am folgenden Tag gehe ich die Aufzeichnungen wieder durch. Mit etwas Abstand sieht man klarer. Wieder durchdenke ich Abschnitt für Abschnitt. Nachlässigkeit ist unangebracht. Gebet ist notwendig. Auf diese Weise prägt sich die Predigt ein. Sie braucht also nicht auswendig gelernt zu werden. Ich will vor der Gemeinde weder im Konzept lesen noch im Gedächtnis.

Merke: Selbstkritisches Durcharbeiten unter Gebet prägt die Predigt ein.

4. Predigen ist natürliches Sprechen mit den Hörenden

4.1 Kontaktimpulse

Dann ist es soweit. Gleich soll ich nach vorn gehen. Ich bin aufgeregt. Werde ich sagen können, was ich mir vorgenommen habe? Wird man mich annehmen, verstehen? Jedes Mal diese Angst. Man wird sie nie los. Ich bete, besinne mich auf den Text, dem ich dienen will. Dann gehe ich ans Pult. Meine Haltung, meine Kleidung fangen an zu sprechen, bevor ich den Mund aufmache. Sie sollten sagen, dass ich weiß, welche Verantwortung ich trage. Ich bin nicht in alltäglicher Situation, sondern diene dem Wunder des Wortes Gottes. Sie sollten auch sagen, dass ich mich nicht über meine Hörerinnen und Hörer stelle, sondern genauso wie sie auf Gottes Wort hören musste und nach der Predigt auch wieder auf die Schwestern und Brüder hören will. Ich möchte nicht durch Kleidung (es sei denn, die Kirchenordnung schreibt eine Kleidung vor) oder Auftreten Abstand zu ihnen schaffen. Wenn mich die Hörer ansehen, dann sollen sie erkennen, dass ich es aufrichtig meine. Alles Gemachte, Gewollte, Unnatürliche oder Unechte will ich vermeiden.

Merke: Kleidung, Auftreten, Haltung, alles predigt mit.

Der Anfang ist nicht einfach. Deshalb bin auch möglichst zeitig da, damit ich mich auf die Menschen und die Atmosphäre im Kirchenraum etwas einstellen kann. Und ich habe mir die Einleitung besonders gut überlegt.

Weil ich mit den Zuhörenden reden will, sehe ich sie an, offen und freundlich. Das ist ein erster und wichtiger Impuls für eine gute Gesprächsverbindung. Ich würde ja auch nicht gern jemandem zuhören, der an mir vorbei- oder durch mich hindurchsieht. Wenn ich mit den Menschen reden will, dann muss ich sehen, wie sie auf die Worte reagieren.

Im Verlauf der Predigt gibt es noch andere Kontaktimpulse. Zum Beispiel Fragen, die zum Mitdenken anregen, oder kurze Sätze, die die Gemeinde anreden: „Stellt euch vor, was mir passiert ist." „Ist euch das auch schon so gegangen?" „Wie würde euch das gefallen?"

Überhaupt fördert die Anrede – „ihr" oder „Sie", je nach Situation – den Kontakt mit den Hörenden. Solche Anrede zusammen mit dem offenen und natürlichen Gebrauch des „Ich" entspricht ganz zwanglos der Situation: Einer spricht mit vielen anderen. Viel schwächer ist unpersönliche Redeweise: „man", „die Menschen". Auch das „Wir" kann so unpersönlich gebraucht sein: „wir Menschen". Niemand fühlt sich wirklich gemeint. Manchmal wird in der Predigt auch das „Du" als Anrede verwendet. Diese Form fördert den Kontakt nicht. Es wird gleichsam jede Hörerin, jeder Hörer einzeln angesprochen, als ob sie oder er ganz allein vor Gott stünde. Das ist nur bei seltenen besonderen Höhepunkten angebracht. Wird das „Du" häufig gebraucht, verliert es an Bedeutung, wirkt nur gekünstelt.

Merke: Die Zuhörenden anzusehen und ganz natürlich anzureden fördert den Kontakt.

4.2 Stimme und Sprechweise

Wie sollte eine Verkündigerin, ein Verkündiger sprechen? So, dass jeder gern zuhört und alles versteht. Das ist leichter gesagt als getan. Die Aufregung, die vielen Menschen in einem großen Raum, auch Unsicherheit und Zweifel verleiten leicht dazu, die Stimme zu pressen. Sie klingt dann ohne Resonanz, wird zu hoch.

Durch die Überbeanspruchung ermüdet man schneller. Das macht noch unsicherer. Dazu kommt, dass die Zuhörenden ebenfalls Spannungen im Hals spüren, sich räuspern müssen, ermüden. Das liegt daran, dass beim Zuhören nicht nur der Inhalt des Dargebotenen, sondern auch die Haltung der darbietenden Person aufgenommen wird. So kann die falsche Sprechweise dazu führen, dass die Predigt nicht wirksam wird.

Merke: Verkrampftes Sprechen ermüdet die Predigerin oder den Prediger, aber auch die Hörenden.

Wer predigt, sollte eine Vertrauensperson, die ein ehrliches Wort nicht scheut, fragen: Wie klingt meine Stimme? Klingt sie wie sonst auch? Spreche ich irgendwie unnatürlich? Kann man mir leicht zuhören? Natürlichkeit und Aufrichtigkeit, gute Vorbereitung und auch Übung im lauten Sprechen können helfen. Spreche ich laut genug? Ist meine Aussprache deutlich? Das zweite ist vielleicht wichtiger als das erste, um gut verstanden zu werden. Viele haben Gehörprobleme, nicht nur alte Menschen. Spreche ich auch nicht zu schnell? Das ist oft ein Zeichen von Unsicherheit. Das beste Mittel dagegen: Die Zuhörenden ansehen, ihre Reaktion beobachten. So können sie das Tempo bestimmen.

Merke: Lautstärke und Sprechtempo werden durch die Zuhörenden bestimmt.

Sprache und Gestik sollen natürlich sein. Auch darin muss ich mir helfen lassen. Hat jeder Satz seine natürliche Betonung? Unechter Tonfall legt Nachdruck auf viele Wörter im Satz und schwächt damit die Gesamtwirkung ab. Folgt nach jeder Aussage die notwendige Pause? Wenn die Satzmelodie nach den Aussagen nicht zur Ruhe kommt, entsteht der Eindruck von Hektik. Ebenso, wenn die Pausen nicht nach den Sinneinheiten stehen, sondern zwischendurch. Es ist, als sollte die Gemeinde nicht Zeit haben, das Gehörte zu bedenken und zu verarbeiten. Haben wir das nötig? Wir haben es auch nicht nötig, einen feierlichen Ernst über der

Predigt auszubreiten, der jedes Lächeln erstickt. Die Freudenbotschaft hat Raum für Fröhlichkeit und Humor in der Predigt.

Sprache ist etwas so Elementares in unserem Leben, dass eine Beeinflussung von außen nicht ihr Wesen, sondern nur künstlich einige Merkmale verändern kann. Es ist nicht gut, Betonungszeichen oder Hinweise auf Pausen ins Konzept zu setzen. Gestik soll man nicht vor dem Spiegel einüben. Aber mit sich selbst im täglichen Leben ehrlich zu sein, sich gern von anderen zurechthelfen zu lassen, für die gute Botschaft zu brennen, das wird der Sprache eines Verkündigers Vollmacht geben.

Merke: Sprache und Gestik müssen von innen kommen. Wer verkündigt, muss an sich selbst arbeiten und arbeiten lassen, nicht Äußerlichkeiten einstudieren.

Frage jemanden, von dem du eine ehrliche und helfende Antwort erhoffen kannst, ob deine Sprechweise beim Predigen anders klingt als sonst.

4.3 Wortwahl und Satzbau

Können die Hörerinnen und Hörer folgen? Kurze, einfache Sätze lassen sich leicht verstehen. Kleine Wörter wie „daher", „ja", „doch", „wohl" verbinden die Sätze. Sie sind wie das Öl im Satzgetriebe. Schwierig wird es bei langen Konstruktionen, wie sie in der Schriftsprache üblich sind, die dazu neigt, die Sprache zu komprimieren, wo viele Gedanken ineinander geschachtelt werden, so dass man am Ende nicht mehr weiß, wie der Satz angefangen hat, und ihn noch einmal lesen muss. (Ist der Satz klar? Nein? Nicht so schlimm! Er steht ja noch da und kann mehrmals gelesen werden. *Gesprochene* Bandwurmsätze aber kann man nicht zurückholen.)

Merke: Kurze, gut verbundene Sätze erleichtern das Zuhören.

Die Sprache soll einfach, aber nicht banal sein. Jargon ist der Sache nicht angemessen, die wir zu verkündigen haben. Gelehrtendeutsch mit vielen Fremdwörtern passt auch nicht, denn Gott wendet sich gerade auch an einfache Menschen. Sie sollen sich in der Sprache und den Wendungen wiederfinden und dadurch verstanden fühlen.

Leben gewinnt die Sprache durch die Verben. Jeder Satz sollte ein aussagekräftiges Verb haben. Wenn vor allem die Substantive die Aussagen des Satzes tragen sollen, dann gefriert die Sprache gleichsam ein. „Die Menschwerdung Christi war ein wichtiger Schritt im Erlösungsgeschehen." Warum dasselbe nicht so sagen: „Christus wurde Mensch. Das war wichtig. Er wollte uns ja erlösen."

Merke: Die Predigt braucht nicht primitive, aber einfache, durch Verben lebendige Sprache.

5. Wir setzen uns ein

Was tun, wenn ich mich verspreche? Weitermachen! Wenn die Predigt die Hörerinnen und Hörer mitnimmt, wenn sie gespannt aufpassen, dann denken sie so gut mit, dass sie genau wissen, was ich meine. Viele registrieren den Fehler gar nicht. Unbewusst wird beim Hören die Sache richtig gestellt. Eine lange Entschuldigung würde erst auf den Fehler aufmerksam machen. Nur wenn ein Versprechen den Sinn so entstellt, dass ein falsches Verständnis entsteht, dann muss kurz korrigiert werden.

Wenn ich mitten drin bin, ist die Befangenheit des Anfangs verflogen. Ich bin ganz gefangengenommen von dem, was ich sagen will. Bin ich damit fertig, höre ich auf. Und wenn die Predigtzeit noch nicht um ist, desto besser. Ausdehnen und Zeitfüllen würde nur die Wirkung abschwächen.

Nach der Predigt fühle ich mich hilflos. Jetzt kann ich nichts mehr ändern, kein Wort zurückholen. Die Worte werden ihre Wirkung haben, zum Guten oder Schlechten. Ich wende mich an Gott:

> Gott!
> Dein Wort hat mich entzündet.
> Ich habe es weitergetragen,
> aber wie kann man Feuer im Spankorb fassen?

Du hast mir das Wort erteilt.
Ich habe gesprochen,
aber wie kann man mit einem Holzhammer schmieden?

Du hast versprochen, Wunder zu tun.
Ich habe es gewagt zu predigen.
Was kann ich anderes, als auf mehr Wunder warten.